KB152520

언니들의
슬기로운
조직생활

김 부장● 신 차장● 이 과장● 문 대리● 박 PD 지음

한국경제신문

언니들의
슬기로운 조직생활

대리부터 부장까지
여성 직장인이 모여 펼치는
절대수다의 향연

〈언니들의 슬기로운 조직생활〉의 멤버를 소개합니다

'롤마들' 김 부장 직장생활 19년 차 · 40대 중반

1990년대 말 성차별이 심했던 대기업에 입사해 산전수전 겪다가 퇴사 후, 외국계 투자은행에서 잘나가는 애널리스트 생활을 거쳐 국내 대기업에 부장으로 컴백했다. 단단한 유리천장과 사내정치, 꼰대로 살아가는 고충, 부장의 외로운 현실을 뼈저리게 느끼며 대학원 박사 공부로 제2의 인생을 꿈꾸고 있다. 〈언슬조〉에서 '롤마들' 겸 핑크 꼰대를 맡고 있다.

'머슬마니아' 신 차장 직장생활 14년 차 · 30대 후반

처음에는 비서로 시작했지만 '내 것'이 없는 삶에 회의감을 느껴 금융업 세일즈로 커리어를 전환해 보란 듯이 일하고 있다. 거기다 사랑스러운 아기를 출산하여 아기 역시 쑥쑥 성장시키는 재미에 푹 빠져 있는 워킹맘. '여자에게 가장 필요한 건 근육'이라는 명제를 설파하는 '머슬마니아'. 80킬로그램이 넘는 스쿼트도 거뜬하다. '회사에 무조건 헌신은 No! 내 삶과 워라밸은 내가 지킨다.'

'프로이직러' 이 과장 직장생활 12년 차 · 30대 후반

금융 업계의 '여의도 칼바람'을 헤쳐내고 '직장은 내가 선택한다'를 모토로 가진 '프로이직러'. 첫 취업은 힘들었으나 다섯 번의 이직을 거치며 차곡차곡 커리어를 성장시켰다. 대학원 공부, 독서모임, 꾸준한 운동, 블로그 운영까지 빈틈없이 바쁜 일상을 열심히 살아낸다. 지금은 아래로는 눈치 보고 위로는 비위 맞추는 중간관리자의 애환을 온몸으로 겪고 있다.

'대리끼리 대동단결' 문 대리 직장생활 8년 차 · 30대 초중반

대기업 공채로 입사, 건축직 8년 차로 한 직장에서만 뚝심 있게 자리를 지켰다. 얼핏 보면 조용하고 하라는 대로 순순히 하지만 아니다 싶으면 당차게 아니라고 말하는 반골 기질을 품고 사는, 〈언슬조〉의 그레이존. 얼마 전부터 소리 높여 '대리끼리 대동단결'을 외치고 있다.

'프로백수' 박 PD 프리랜서 15년 차 · 40대 초반

정규직 무경험 15년 차로 스스로 '프로백수'라 칭한다. 월급 없이 지내는 삶에는 도가 텄다. 방송, 미디어 계통의 다양한 프리랜서 일을 하고 있는 금손. 꿈도 많고 하고 싶은 것도 많아서 여전히 새로운 일이 궁금한 호기심꾼이다.

special thanks to '성공한 문과생' 박 사원 직장생활 4년 차

국내 대기업에 근무하다 퇴사. 스타트업을 거쳐 외국계 IT회사에서 근무하면서 〈언슬조〉 활동을 함께하다가 최근 오랫동안 꿈꾸던 '탈조선'에 성공했다.

프롤로그

취업을 했다는 기쁨은 잠시였다. 주위 어른들 대부분은 "여자는 시집 잘 가는 게 최고야. 회사 다니다가 돈 많은 남자 만나서 결혼해"라는 말을 해줄 뿐, "열심히 해서 임원까지 해"라는 말은 누구도 해주지 않았다. 부모님이라고 달랐을까. 딸이 시집가서 혹여라도 욕먹을까 미리 음식도 배우고 빨래도 해보라며, 어떻게 해야 좋은 아내와 며느리가 될 수 있는지 일일이 일러주었다. 반면 회사에서 어떻게 하면 일을 잘할 수 있는지와 같은 당장 필요한 조언은 해주지 않았다. 나의 첫 직장생활은 이런 격려 아닌 격려들을 덕담으로 받아들이며 시작되었다.

학생일 때 그토록 부러웠던 사원증이 목에 부담을 주기 시작할 때부터 사회생활이 내 맘 같지 않다는 것을 온몸으로 느끼게 됐다. 거북목과 늘 뭉쳐 있는 어깨는 말할 것도 없었고, 취업 전에는 먹지 않았던 두통약을 하루에 두 개씩 먹는 날이 잦아졌다. 회사생활이 녹록지 않다는 것을 알게 된 데에는 두 가지 이유가 있었다. 첫 번째는 일을 잘한다는 것이 생각보다 쉽지 않다는 사실과 그것이 조직생활의 '치트키'가 아닌 디폴트값이라는 것, 두 번째는 학교생활과 아르바이트 외에 처음 접하는 형태의 조직에 적응하기가 어렵다는 것이었다.

사회 초년생 시절, 일 잘하는 방법을 누구도 친절하게 알려주지도 않았고 하다못해 무언가를 물어볼 만한 사람조차 주위에 없었다. 지금은 정말 지긋지긋할 정도인 이메일 쓰기, 여전히 내 마음대로 움직이는 않는 복합기들 다루기, 그리고 다른 사람 전화를 당겨 받는 것조차 어떻게 하는지 몰라 헤맸으니 말 다 한 것 아닌가. 무엇보다 25년 가까이 살아온 환경과 달리 남자가 다수인 조직에서 일하는 여자로 당당하게 인정받는 것까지, 무엇 하나 물 흐르듯 된 것은 없었다.

"여성 롤 모델이 없다"라는 말은 12년 전 첫 직장생활을 시작할 때부터 주야장천 들었다. 인공지능 로봇이 프로 바둑기사를 물리칠 만큼 세상은 진화를 거듭했는데, 그 말이 여전히 되풀이되고 있을 만큼 회사의 시스템은 변화가 더디다. 물론 그사이 '골드미스'처럼 성공한 싱글 여성을 일컫는 새로운 표현들이 생겨났고, 여성 임원들의 소식이 간혹 들려오긴 한다. 하지만 돌이켜보면 한창 배우고 다져나가는 시기인 사원일 때 당장 내 눈앞에 여자 과장이나 차장은 없었다. 여자 부장이나 임원은 유니콘에 가까웠다.

남자들은 상명하복 문화에 비교적 잘 적응하여 조직생활에 적합한 사람들로 평가되곤 했다. 이런 것들이 달갑지 않고 뒤처지기 싫어서 남자같이 행동하면, 여자답지 못하다며 수군거리는 소리를 들었다. 이런 편견 속에서 어떻게 해야 할지 몰라 갈팡질팡하며 사원과 대리의 시간을 버티던 그때, 당장 손을 뻗으면 닿을 수 있는 롤 모델이 절실했다.

요새는 회사를 미련 없이 그만두고 자기 길을 찾아가는

게 트렌드라고 하지만, 나는 버틸 수 있을 때까지 버티며 앞으로 나아가기 위해 애쓰는 여성들이 더 많다고 생각한다. 그리고 이 생각은 〈언니들의 슬기로운 조직생활(언슬조)〉를 통해 강한 확신이 되었다. 나 역시 이제는 과장을 넘어 다음 단계로 나아가기 위해 고민 중이고, 지혜롭게 길을 찾을 수 있도록 내게 방향을 제시해줄 롤 모델을 찾고 있다. 동시에 회사와 사회에 대해 내가 느끼는 감정과 생각을 나눌 상대가 필요함을 간절히 느낀다. 그냥 옆에서 '그래, 그럴 수 있어' 하고 고개를 끄덕여주거나 '넌 충분히 잘 하고 있어' 하고 어깨를 토닥이며 용기와 힘을 줄 수 있는 언니들의 존재가 필요하다.

다행스럽게도 지금 나에겐 위로는 김 부장과 신 차장이라는 든든한 조력자가 있고, 아래로는 문 대리와 박 사원이라는 든든한 동지가 있다. 그리고 야생에서 일하면서 용기를 주는 박 PD까지. 우리는 우연히 한 독서모임에서 만나 팟캐스트를 함께하는 인연으로 이어졌다. 2년 전, 연남동 옥탑방에서 다 같이 모여 앉아 두 개의 마이크를 갖고 시작한 〈언슬조〉는 어느덧 100화를 이어가고 있다. 직종도, 직급도 어디 하나 공통점이 없었던 우리가 이렇게 오랜 시간 함께할 수 있었던 건, 우리가 모두 '일하는 여자들'이라는 사실과 조직에서 고군분투했던 삶을 공유하고 있었기 때문이다.

그동안 마이크 앞에서 수많은 여성 직장인들의 이야기를 듣고 전하며 함께 울고 웃었고 때로는 분노했다. 이 이야기들을 이제는 책을 통해 널리 공유하고자 한다.

이 책은 때로는 너무 사소해서 회사의 선후배나 동료에게 묻기 쉽지 않았던 질문과 고민을 최대한 진솔하게 담았다. 마지막 장을 덮을 때면 나 혼자 서 있는 게 아니라 각자의 자리에서 수많은 고난을 슬기롭고 묵묵하게 헤쳐 나가는 다른 여성들이 함께 있다는 사실에 힘을 얻길 바란다. 지치지 말고, 외롭지 말았으면 한다. 당신들의 곁에서 〈언슬조〉가 힘껏 응원하고 있으니 말이다.

끝으로 책을 쓰는 데는 함께하지 못했지만, 〈언슬조〉의 시작부터 함께했던 우리의 든든한 막내 박 사원에게 고마움을 전하고 싶다. 그리고 책이 이 세상에 나올 수 있도록 큰 힘이 되어준 한경BP의 김종오 편집자님, 책을 쓰는 동안 긴 원고를 리뷰하며 조언과 질책을 아끼지 않았던 모든 분들, 사연과 에피소드의 주인공이 되어준 훌륭한 게스트분들, 밖으로 꺼내놓기 어려운 사연을 보내주신 분들, 그리고 2년간 〈언슬조〉의 숨은 공신이었던 쇼코바움 음향감독님과 방송 제작에 도움을 주신 든든한 후원자 여러분들, 지지하고 응원해주신 모든 청취자분들께 감사드린다.

이 과장

차례

프롤로그 008

1장_ 여기 여자들도 일하고 있습니다

• 요구할 땐 두려움도 부끄러움도 없이 020
• 공사는 남자의 일? 나, 현장 뛰는 여자야 027
• 정말 여자라서 그래? 032
• 여자는 술 따르고 블루스 추라고? 037
• 탈(脫) 유니폼 투쟁기 042
• 성공하려면 남자 같은 이미지를 만들어야 할까? 047
• 여자는 여자가 돕는다 052
〔언니들의 고민 상담〕 일하는 만큼 대우받지 못하는 것 같아요 057

2장_ 사원도 부장도, 다 처음이라

• 대리끼리 대동단결 064
• 어서 와, 리더는 처음이지? 069

• 대리는 모르는 과장의 속마음 074
• 중간관리자는 억울해: 권한은 없고 책임만 있는 079
• 우리 반항아는 못 돼도 '쫄보'는 되지 말자 084
• 여자 부장이 골프 라운딩 운전기사를 자처한 이유 089
• 90년대생과 꼰대가 직장에서 함께 살아가는 법 093
• 꼰대의 변: 반항아였던 김 부장은 어쩌다 꼰대가 되었나 099
〔언니들의 고민 상담〕 계급장 떼고 '솔까말': 대리 vs 과장 vs 부장 104

3장_ 언니들의 슬기로운 조직생활

• 나만의 포지셔닝이 필요해 114
• 일 잘한다는 것의 의미: '회식요정'도 '일잘러'일까? 119
• 술 못하는 사람이 회사에서 살아남는 법 125
• "이거, 저 팀에서 한 건데요?" 131
• 왜 좋은 어른들은 조직을 떠나게 될까? 135
• 나는 커피와 점심으로 정치한다 141
• 네트워킹은 되는데 사내정치는 왜 안 돼? 146
• 너무 안 맞는 사람과 함께 일하는 법 150
〔언니들의 고민 상담〕 무능한 상사에 대처하는 우리들의 자세 155

4장_
그 많던 언니들은 다 어디로 갔을까

- 나도 몰랐던 내가 받은 차별 166
- 유리벽에 갇힌 여자들 171
- 여성의 결혼은 어쩌다 조직의 시한폭탄이 되었나 176
- 미안함은 왜 늘 엄마들의 몫일까 182
- 화려한 커리어를 접고 프리랜서 워킹맘이 된 그녀 187
- 나를 버티게 해준 여자들 195
- 여자 부장들은 어떻게 조직에서 살아남았나 202
- 남자들이 아이를 키우면 어떻게 될까? 207

〔언니들의 고민 상담〕 여자라서 해외 출장을 거부당했어요 213

5장_
회사, 떠나야 할 때와 버텨야 할 때

- 한 직장에서 버텨왔다는 것 220
- 퇴사와 이직의 반복: 내게 맞는 일을 찾기까지 226
- 나의 좌충우돌 커리어 전환기 234

• 지하철의 샤넬백, 사직서 그리고 용기 240
• 회사를 떠나기 전에 유념해야 할 것 245
• "내가 월급 없이 살아봐서 아는데" 250
〔언니들의 고민 상담〕 같이 일하는 동료 때문에 너무 힘듭니다 254

6장_ 일단, 나부터 챙깁시다

• 버리지 않으면 얻을 수 없는 것들 266
• 번아웃이 내게 가르쳐준 것 271
• 누가 날 싫어해도 괜찮아 277
• 운동은 나의 힘! 284
• 열심히 하지만 불안한: 30대의 현실 고민 289
• 당신의 황금기는 따로 있다 295
〔언니들의 고민 상담〕 신생팀에서 혼자 N명분의 역할을 하고 있어요 301

에필로그 306

여기 여자들도 일하고 있습니다

1장

요구할 땐 두려움도 부끄러움도 없이

'머슬마니아' 신 차장

"그래서 하루 날 잡고 실장님한테 가서 '이건 진짜 아닌 것 같습니다. 잘리더라도 할 말은 해야겠어요'라고 말했대!"

"우와!"

"대박이지? 근데 실장님이 오히려 '아, 그래요? 그럼, K 과장 생각대로 한번 진행해봐요'라고 했대."

"처음부터 그랬어야지!"

얘기만 들어도 통쾌했다. 같이 일하는 L 과장의 지인 K 과장. 매사 똑 부러지고 원리와 원칙에 충실한 그녀에게 언제나 어이없는 업무를 지시하고 공은 공대로 날름 잡수시는 실장에게 드디어 한마디 하다!

그런데, 함께 얘기를 듣고 있던 남자 직원이 조용히 던진 말에 신난 기분이 싹 식어버렸다.

"아이고, 그 과장님 결혼 안 했죠?"

K 과장이 결혼을 했든 안 했든 이 이야기랑 무슨 상관인가?

"여자가 너무 세네. 아무리 그래도 그건 아니지."

고개를 절레절레 흔들며 자리로 돌아가는 남직원의 등을 보면서 순간 할 말을 잃었다. 당연히 했어야 할 말을 한 건데 세다고? 너무하다고?

하지만 가장 화가 나는 건, 나조차도 그 발언에 잠시나마 움찔했었다는 거다. 어느덧 30대 중반, 직장 14년 차인 지금의 나라면 바로 반박했을 텐데 20대 후반이었던 그때는 속으로만 부글부글 끓었던 억울한 기억.

"여자가 나서서 대놓고 말하면 매력 없어."

"아무리 싫어도 일단은 '네'라고 대답하는 게 현명해."

"여자는 하고 싶은 말이 많아도 좀 참아야 해."

생각해보면 지금까지 살면서 '여자는 이래야 한다'라는

말을 참 많이도 들었고 그 기준에서 벗어나면 호들갑스러운 염려와 잔소리를 들어야 했다. "여자애가 그러면 어떡하니!"라는.

지금 저런 소릴 듣는다면 "자알~ 삽니다"라고 대꾸해줄 것이다. 회사에서 당당하게 할 말 하고, 요구도 하면서, 잘 삽니다. 하지만 20대 때만 해도, 여자는 나서면 안 된다는 외부 기준과 튀고 싶고 인정받고 싶어 하는 욕구가 끝도 없이 엎치락뒤치락했다. 유년기, 사춘기를 넘어 대학을 졸업하고 사회생활을 시작할 때까지 말이다.

사실 대학교 때까지만 하더라도 이게 아주 큰 문제는 아니었다. 왜냐하면 학교에서는 열심히 공부하면 성적이 잘 나왔고, 굳이 나를 드러내려 애쓰지 않아도 칭찬과 상이 따라왔으니까. 아마 많은 '모범생 여자'들이 나와 같은 코스를 밟았을 거다. 내부의 목소리를 최대한 누르면서 외부 기준에 신경 쓰고, 열심히 노력해서 칭찬받으면 조용히 그리고 티 안 나게 기뻐하는.

그래서 취업 후, "일만 잘하는 게 아니라 자기 PR도 잘해야 해"라는 선배들의 말이 너무 싫었다. 아니, 일을 잘하는 게 차라리 쉽지(?) 내 광고를 하고 다니라고? 아, 생각만 해도 민망해!

하지만 인생이 어떻게 뒤통수를 때릴지는 아무도 모르는 법. 내가 잘한 일을 어디 가서 자랑할 생각만 해도 민망함에 몸을 꼬던 내가 지금은 너무나 자연스럽게 상사의 사무실로 가서 내 문제의 중요성을 부각하고 내가 원하는 걸 당당하게 얘기한다.

변해야겠다고 느낀 건 영업 2년 차 때였다. 영업직이 된 첫해에는 너무나 힘들었지만, 여러 개의 프로젝트를 끝냈고 그에 대한 상사의 인정과 약간의 연봉 상승이 있었기에 안도의 한숨을 내쉰 다음이었다.

첫해와는 다르게 경제 불황 때문에 신규 건은 별로 없었고 기존에 끝낸 프로젝트 계약서 수정이나 유보 건만 많았던 그 1년. 여전히 열심히 일했고 야근도 많이 했지만 신규 건과 다르게 기존 프로젝트 업무는 성과급과 큰 연관이 없었다. 즉, 신규 프로젝트 못지않게 수백 페이지의 계약서를 읽고 하루에 몇십 개의 이메일을 쉴 새 없이 뿌려도 눈에 띄지도 않고 인정도 못 받는 일이다. 매일 불 꺼진 부엌에서 산처럼 쌓인 설거지를 하는 기분이랄까.

힘들다고 얘기하고 싶었다. 신규 딜은 아니지만 그에 못지않게 정성을 쏟고 있다고 어필하고 싶었다. 그런데 또 한편으로는 두려웠다. 그럴 거면 무엇하러 영업직 하겠다고 나섰느냐고 할까 봐 두려웠고, 징징대는 이미지가 될까 봐 망설여졌다. 나중에 알았지만, 남자 동료들은 서슴없이 얘기하는 반면 그때의 나는 평생 몸에 밴 자기 검열로 나를 가두고 있었다. "이러니까 여자는 안 돼"란 말은 절대 듣고 싶지 않았으니까.

그해 나의 노력은 그저 '열심히 일했다' 한 줄로 평가받았다. 연봉도, 성과급도 달라진 게 없었다. 더 칭찬받고 싶고 더 위로받고 싶다는 아쉬움만 진하게 남았다. 그다음 해, 시장은 여전히 침체기였고 설거짓거리(?)는 차곡차곡 쌓여만 갔다. 한 가지 달라진 게 있다면 내 마음 상태다. 1년 이상 뒤치다꺼리에 시간과 정성을 쏟아부으면서 어느새 독이 오를 대로 올라 있었다. 고생하는 걸 아무도 알아주지 않는다면, 나 스스로 티를 내리라!

그래서 상사의 방문을 두드리기 시작했다. 미팅의 목적은 평범한 '업무 업데이트'였지만, 때로는 사안의 중대성을 살짝 확대해서 얘기하기도 했고 무례한 거래처 사람에 대해 말하기도 했다. 또 업데이트를 하다가 갑자기 울컥 서러움이 밀려와서 "대표님은 제가 지금 이 파일 때문에 얼마나 고생하는지 잘 모르시는 것 같아요. 사실 엄청 중요한 이슈인데 말이죠"라고 불평을 한 적도 있다. 잦은 면담을 통해 내가 현재 하는 일과 내 상황을 반복적으로 얘기했고, 그래서 내 상황이 상사의 머릿속에 스며들기를 바랐다. '내 이야기를 지루해할 수도 있겠다' 또는 '별거 아닌데 너무 과장한다고 생각하면 어쩌지?' 하는 걱정이 들기도 했지만, 가끔은 우는 아이가 될 필요가 있다는 사실을 깨달았달까. 더 이상 '알아서 묵묵히 잘하는 사람' 이미지는 싫었다.

그해 말, 내가 얼마나 효과적으로 티를 잘 냈던지(?) 상사가 본사에 보내는 메일에도 내 업무에 대한 칭찬이 담겨 있었다. 신규 프로젝트는 많지 않았지만 많은 수정 계약 건을 성공적으로 잘 마무리 지었다고. 그리고 이 평가는 이듬해 연봉 상승으로 이어졌다. 이 모든 게 내가 열심히 하고 잘한 것을 드러내는 걸 두려워하지 않은 결과라고 믿는다.

우리 청취자들 중에서도 가끔 "제가 원하는 걸 말하는 게 힘들어요", "잘한 걸 어필하는 게 힘들어요"라는 고민을 보내오는 분들이 있다. 그런 얘기를 접할 때마다 예전의 내가 생각나서 더 안타까워진다. 그들 역시 K 과장처럼 하고 싶어도 "여자가 말이야"로 시작하는 이러쿵저러쿵 이야기가 나올까 봐 움츠러드는 게 아닐까?

어렸을 때부터 주입받은 사회적 편견을 허물기는 쉽지 않다. 남들보다 먼저 내 안의 목소리가 나를 말리기 때문에. 하지만 잊지 않았으면 좋겠다. 내 안에는 또 다른 나도 있다는 것을. 열심히 한 것에 대해 칭찬받고 싶고 보상받고 싶어 하는 건 유난스럽고 비난받을 게 아니라 너무도 자연스러운 욕구이고, 이것을 거부하거나 숨기는 건 착한 게 아니라 자신을 외면하는 것일 수도 있다는 걸.

두려워하지 말고, 부끄러워하지도 말고, 내 것을 받는다는 마음으로 당당히 요구하자. 우리 모두 그럴 자격이 있다.

관련 에피소드

〔미니상담〕 일하는 만큼 대우받지 못해요.
회사에 당당하게 어필하는 법이 있을까요?

공사는 남자의 일?
나, 현장 뛰는 여자야

'대리끼리 대동단결' 문 대리

입사 당시의 난 의욕이 넘쳐흘렀다. 뭐든 잘하고 싶은 신입 사원이었다. 하지만 내가 잘하고 싶어도 아예 할 수 없는 영역이 있다는 걸 입사 후 몇 주가 되지 않아 직감적으로 알았다.

바로, '남자 일'과 '여자 일'이 따로 있다는 사실! 여자에겐 설계를 시키고 남자에겐 공사를 시켰다. 설계 일은 주로 사무실에서 이루어지고 상대적으로 더 꼼꼼함을 요하는 반면, 현장 일은 몸으로 더 많이 뛰어야 하고 거친 협의를 해야 하기 때문이라는 게 암묵적 이유였다. 그런데 여자는 다 꼼꼼하고 남자는 그렇지 못한가? 이해할 수 없었다.

단순히 성별로 업무를 나눈 것 만이 문제의 전부는 아니었다. 업무를 나누어 하다 보니 공사에서 나온 문제점이 다음 설계 때 반영되지 못했고, 설계에서 고민하여 그린 도면이 공사에 제대로 반영되지 못하는 문제가 반복됐다.

'아 설계를 모르면 공사의 디테일이 떨어지고, 현장을 모르면 설계가 진짜 설계답게 나올 수 없구나.'

그래서 나는 설계뿐만 아니라 공사도 하고 싶었고, 그게 내가 성장하는 길이라 믿었다. 둘 다 보란 듯이 누구보다 잘 해내고 싶었다.

하루는 큰 공사를 담당하고 있던 선배가 회사를 그만두었다. 부서 전체가 너무 바빠서 그 공사를 맡을 사람이 마땅히 없었기에 그 공사가 나에게 떨어졌다. 여자도 할 수 있다는 걸 증명할 기회라고 생각했다. 다음 날부터 안전모를 쓰고 안전화와 각반을 차고 현장을 돌아다니기 시작했다. 부서 배치를 받은 지 넉 달밖에 되지 않은 신입 사원이 뭘 알았겠는가. 사실 현장에 가서 뭘 봐도 아는 것이 없으니 아무 생각도 없었지만, 부지런함이 미덕이겠거니 하면서 매일 현장을 돌아

다녔다.

다들 꺼리는 현장에 가는 것은 녹록지 않았다. 마감재가 붙지 않은 날것의 현장은 살벌해 보였다. 오죽하면 영화에서도 험악하고 폭력적인 장면을 그릴 때 공사장 배경을 단골로 쓰겠는가. 게다가 현장은 봄날에 찾아오는 미세먼지는 저리 가라 할 정도로 먼지 구덩이였다. 현장을 돌아다닌 날이면 어김없이 밤새 기침이 났고, 피부가 예민한 탓에 종종 트러블이 생겨 고생했다. 현장 곳곳을 돌아다니며 현장 소장님들과 협의를 하다 보면 겨울엔 추위로 손발이 오그라들고, 여름엔 땀으로 샤워를 하곤 했다.

그럼에도 물러설 수 없었다. 분명 공사 담당자는 난데 팀장님은 여전히 현장에 남자 직원을 더 자주 보냈다. 그 모습을 볼 때마다 날 믿지 못하는 건가 싫어 화가 나고 자존심도 상했다. 팀장님이 계속 그럴수록, 남자들에게 밀릴까 두려워 현장에 안 갈 수가 없었다. 쏟아지는 서류 업무 탓에 사무실을 지키는 날이 점차 많아졌지만, 현장에 잠깐이라도 가려고 무진 애를 썼다.

우여곡절 끝에 하나의 프로젝트가 끝났고, 끝나기 무섭게 다른 프로젝트가 떨어졌다. 첫 번째 프로젝트와 다르게 설계부터 시작하는 터라 의욕이 컸다. 설계를 진행하면서도 공사는 다른 사람에게 줘버릴까 내심 걱정이 됐다. 이런 내 마음을 알았는지 과장님이 "이 설계가 끝나면 나중에 공사까지 문 사원이 하는 거야"라고 말해주었다. 오, 됐다! 눈을 반짝이며 당연히 그러겠노라고 말했다. 그렇게 두 번째 프로젝트의 공사를 통째로 맡았다.

하루는 내가 맡은 현장 옆 건물에 화재가 났다. 현장이 연기로 뒤덮여 마치 우리 건물에 불이 난 것처럼 보였다. 워낙 큰 불이라서 소방차도 여러 대 출동했다. 그때 영업 부서 사람들이 가장 먼저 나에게 전화를 했다. 내가 자주 현장을 돌아다니니 그날도 현장에 있을까 봐 걱정했다고 한다.

그렇게 첫 번째, 두 번째 프로젝트가 끝나면서 나는 '현장 잘 가는 여자 직원'이 되었다. 내가 원하던 이미지를 각인하는 데 성공했고 그 후에 더 큰 프로젝트를 맡을 수 있었다. 덕분에 일복이 터지긴 했지만 좋았다. 여자이기 때문에 배제되는 일들이 점점 줄어들었다. 내 능력을 증명하고 나니, 현재 업무와 연관된 다른 부서로도 갈 수 있었다. 그 부서에 가서도 현장에서 보고 들은 내용이 요긴하게 쓰였음은 물론이다.

상사가 여자에게 현장 일을 주지 않는 것이, 위험하고 고된 일이라서 배려하는 것으로 보일 수 있다. 하지만 현장 일에서 배제되면 여자도 중요한 업무를 해낼 수 있다는 사실, 즉 자신의 능력을 증명할 기회가 없다. 그로 인해 고과와 승진에서 남자들에게 밀리게 되고, 심지어 밀리는 것이 정당화되기까지 한다. 그렇기에 몇 배 더 노력해서 능력을 증명해야 했다. 다른 한편으로 남자들은 하지 않는 증명을 위한 노력을 여자라서 해야 했다는 사실은 씁쓸하다. 여자들이 차별이 있음을 자각하고, 배려를 거절하고, 자기 업무에 전적으로 책임을 지는 모습을 보여주는 일이 더 많아졌으면 한다. 이런 일들이 하나둘 쌓이면 일터의 편견도 점차 줄어들지 않을까.

관련 에피소드

〔31화〕 괜시리 주눅드는 남초 거래처 상대 어떻게?

정말 여자라서 그래?

'대리끼리 대동단결' 문 대리

한국의 회사라면 대개 그렇듯이, 처음 입사했을 당시 관리자급에는 여성이 거의 없었다. 수많은 남자 상사들이 있었지만 롤 모델을 찾을 수 없었다. 그럴수록 멋진 롤 모델이 되어줄 여자 상사에 대한 기대가 커지고 있었음은 당연했다.

얼마 뒤, 마침 여자 상사가 있는 팀으로 옮기게 되었다. 하지만 한껏 부풀었던 기대가 실망으로 바뀌는 데는 그리 오랜 시간이 걸리지 않았다. 발령받은 지 한 달이나 됐을까. 처음 보고를 올린 시안 중에 공용공간이 탁 트인 스타일이 좋다고 해서, 그 도면을 발전시켜서 후속 보고를 했다. 그런데, 공용

공간을 줄이고 개인공간을 넓히는 게 낫다는 게 아닌가. 그대로 변경해서 다시 보고를 했다. 그런데 첫 번째 안, 두 번째 안은 마치 없던 일이라는 듯 공간의 용도를 통째로 바꾸자는 지시가 내려왔다.

이런 경우는 수도 없이 겪은 일이건만, 아마 기대가 컸던 탓일까. 은연중에 나는 일 처리가 합리적이면서 윗사람에게 논리적으로 의견을 제시하고 아랫사람에게 따뜻하게 피드백해주는, 영화에서나 등장할 법한 그런 멋진 상사를 기대했던가 보다.

직원을 충원할 때 출산과 육아를 이유로 여자보다는 남자를 뽑으라는 지시를 했다는 이야기를 전해 들었을 때는 배신감마저 느꼈다. 남자 상사가 그랬다면 나빴다고 할지언정 배신감은 없었겠지만, 여자이기 때문에 임신과 출산을 앞둔 직원을 더 배려하는 모습을 기대했나 보다. 하지만 팀 미팅 자리에서 여자 상사는 출산휴가를 준비하는 직원에게 축하한다는 말로 이야기를 시작하더니 인력이 부족하다는 잔소리로 끝을 맺었다. 직원에 대한 배려가 없는 말들을 여과 없이 내뱉는 모습에서 진정한 리더의 모습은 찾아볼 수 없었다.

그런데 과연 남자 상사였어도 그만큼 기대를 했을까? 당시는 그와 같은 기대 또한 여성에게 지워지는 과도한 부담일지 모른다는 생각을 하지 못했다.

한편 여자 상사에게 실망한 건 나만이 아니었다. 하루는 한 여자 과장님과 그 상사에 대해 한창 이야기하던 중 그가 "이래서 여자 상사는 안 돼"라고 말하는 게 아닌가. 순간 많은 생각이 오갔다. 기분이 나빴다. 여자라는 이유로 그 상사와 한 카테고리로 엮인 탓이었을까. 한참이 지난 후에도 그 일이 마음에 남았다. 당시에는 그 말이 왜 그렇게 불편했을까.

내가 진급을 해서 어느 정도 지위에 갔을 때도 여자라는 이유로 '여자 상사는 별로'라는 식의 말을 듣게 될 생각을 하니 기분이 썩 좋지 않았다. 나는 좋은 상사이고 싶고, 여자도 좋은 상사가 될 수 있다. '여자 상사보다 남자 상사가 낫다'는 말을 인정하는 순간 내 미래를 부정하는 것이라고 생각했다. 난 좋은 여자 상사를 만나본 적은 없지만, 분명히 어딘가 좋은 여자 상사가 존재할 것이라고 믿었다. 내가 만난 능력 있고 좋은 여자들이 얼마나 많은데, 남자보다 못하단 말인가.

문득 여자가 소수이고, 약자이기 때문에 겪는 문제라는 생각이 들었다. 남자 상사는 워낙 많기 때문에 잘못을 해도 '남자라서 저런다', '남자 상사는 별로다'가 아니라 '저 사람 이상하다'로 결론이 난다. "남자라서 안 돼"라는 얘기는 들어보지 못했다. 하지만 여자는 워낙 흔치 않으니 여자 한 명이 잘못하면 '여자 상사는 안 된다'라는 식으로 모든 여자를 싸잡아 깎아내린다. 이런 일은 너무 흔해서 일일이 사례를 들자면 입 아플 정도다. 개인의 특성, 잘못의 경중, 상황의 맥락보다 '성별'이 판단의 기준이 되는 것이다. 여자 앞에 '한국'이나 '전 세계'라는 수식어가 붙지 않은 걸 오히려 다행으로 여겨야 할 판이다.

지금 생각해보면, 스스로 여성임에도 문제의 원인을 여성이라는 성별에서 찾은 그 과장님은 여자 상사의 등장으로 한껏 부푼 기대와 바람이 태풍 앞 이파리처럼 한순간에 날아가 버린 것에 실망하여 성급한 소리를 한 것인지도 모른다. 나는 단지 밖으로 꺼내지만 않았을 뿐이다. 그가 품었던 기대와 그 이상으로 큰 실망의 총량은 나와 다르지 않았을 것이다.

그 후에 여자 과장님이 또다시 "이래서 여자 상사는 안 돼"라는 말을 했을 때, 그때는 주저 없이 말했다. "'여자'라서 그런 거 아니에요. '그 사람'이라서 그런 거예요. 여자 상사를 많이 겪어본 것도 아니잖아요. 모든 남자 상사가 훌륭한 것도 아니잖아요. 그리고 과장님도 여자잖아요. 과장님도 나중에 저런 상사 될 거예요?"

그리고 이제는 안다. 여성으로서 한 줌의 권한을 갖게 되어도 남녀 사이의 불평등한 구조를 개선하려는 시도를 하기보다는 오히려 여성이 여성을 비난의 도마 위에 올리며 남성보다 남성 같은 행동을 보이는 데에는 조직 자체에 문제가 있다는 것을 말이다. 조직에서는 문화, 의사결정, 인사 등이 모두 남성 중심으로 짜여 있지 않은가.

이런 상황에서 여성, 그리고 여성인 내가 택할 수 있는 방법은 그리 많지 않은 듯하다. 여성에 대한 잘못된 편견과 부당한 대우에 이의를 제기하기, 여성을 비난할 거리를 제공하지 않도록 남자보다 더 고군분투하기, 그리고 '명예 남성'식 생존 경쟁에 나도 모르는 새에 빠져들지 않도록 정신 똑바로 차리기. 여자 직장인으로 살아가려면 해야 할 일이 이렇게나 많다.

관련 에피소드

(2화) **여자라서 저렇다고? 회사 동료 본격 편견 해제!**

여자는 술 따르고 블루스 추라고?

20여 년 전 첫 직장에 다니던 시절, 조직에서 나는 늘 "왜?" 라고 질문하는 반항아였다. 세상 무서울 것 없는 나이였기도 했지만, 내가 그렇게 된 건 당시 차별이 심했던 환경과도 무관하지 않다. 동기 100명 중 여자는 나 혼자였는데, 내게만 원하는 부서를 묻지 않고 번역 일만 시켰던 사실에 분노해서 따졌던 일은 지금도 생생히 기억난다. 그리고 그 후 수출부로 옮겨 일 잘하고 있는데 갑자기 비서 자리가 비었다며 제안받았을 때 "그룹 회장 비서실장 아니면 안 하겠다" 말한 뒤 씩씩거리며 자리를 뛰쳐나왔던 일, 회식인 줄 알고 쫓아

갔는데 여직원들에게 나이 많은 이사들과 블루스를 추라고 해서 기겁하며 그 자리에서 안 추겠다고 끝까지 버텼던 기억 등 나의 초년생 시절 회사생활은 온갖 불합리한 일들과 반항의 기억으로 가득하다.

그중 수출 생산 공장에 주문을 넣으러 출장 갔던 일은 유달리 기억에 남는다. 번역 일을 주로 하던 첫 번째 부서에서 직장생활을 시작했지만 선배들에게 부탁하고 어필해서 수출부로 옮기게 됐다. 그런데 다른 남자 동료들처럼 일다운 일을 하게 됐다고 생각한 것도 잠시, 수출부에서 또 다른 완고한 벽에 부딪히고 말았다.

유럽 몇몇 나라의 OEM(주문자 상표 부착 생산)을 담당한 지 6개월쯤 지났을까. 클라이언트 중 한 군데에서 저녁 늦게 전화가 왔다. 스페셜 프로모션을 걸려고 하니 도와달라며 빨리 생산이 가능한지 물었다. 긴급한 상황이었는데, 상당히 어려운 요청이었다. 이 주문을 투입하기 위해서는 현재 가동되는 생산 라인을 전부 멈춰야 하기 때문이다. 직접 가서 공장장을 설득해야 하는 상황이었다. 출발하기 전날 팀 내 여자 상사가 나를 불러 얘기했다.

"야. 그게 뭐 올스톱하고 생산 주문 넣어달라고 그러면 넣어주겠어? 가서 아저씨들하고 밥이랑 술 같이 먹어주고, 노래방 가서 노래도 부르고 춤도 춰주고 해야지."

그때 정말 내 귀를 의심했다. 남자들은 다들 그냥 가서 우기는데 여자는 술 마셔주고 노래방을 가줘야 한다니?

다음 날 나는 얇은 외투를 걸치고 새벽 기차를 탔다. 구미에 도착해서 나는 공장장님 앞에 서서 눈 똑바로 뜨고 단도직입적으로 말했다.

"어제 전화로 말씀드렸던, 너무 급한 주문이에요. 빨리 부탁드립니다."

공장장은 한 달 전부터 일정이 빡빡하게 잡혀 있다며 올스톱이 말이 되냐고 손사래를 쳤다. 역시 새치기 생산을 부탁하는 건 쉽지 않은 일이었다. 그렇다면 까칠한 아저씨를 모시고 생글생글 웃어가면서 술을 따라야 했을까? 나는 다른 쪽을 선택했다.

"그러면, 제가 직접 라인으로 가서 멈출까요?"

생산 라인에 뛰어들어 드러눕는 게 술 따르고 블루스 추는 것 보다는 나을 것 같았다.

공장장은 적잖이 당황하는 눈치였다. 나는 이게 얼마나 긴급한지 설명했다. 그리고 보통 때보다 높은 가격으로 주문을 받을 수 있으니 절대 손해 보지 않을 것이라는 점을 논리적으로 집요하게 설득했다. 한참 실랑이 끝에 결국 공장장은 내 손을 들어주었다. 주문을 넣는 데 성공했다. '감사하다. 본사에 앞으로 이 공장에 잘하라고 전하겠다'라며 난 구미 공장과 지역경제까지 다 살릴 것 같은 덕담을 남기고 서울로 되돌아왔다.

정중하게 새치기 생산을 부탁하는 게 난 두렵지 않았다. 술도 따르지 않았고 블루스도 추지 않았다. 다만 내 여자 상사에게 처음부터 그런 지시를 받았다는 게 억울했다. 그때는 잘 몰랐지만 나중에 깨달았다. 그런 조직문화 속에서 그녀도 오랫동안 길들어왔다는 걸. 어려운 자리에 여자를 보낼 땐 이유가 있었다. 생글생글한 미소로 '꽃순이'가 되어주라는 것. 그런 방식이 전통이고 습관이었던 조직에서 그녀는 단지 의문을 던지지 않았을 뿐이다.

요즘엔 여직원에게 술을 따르라거나 블루스를 추자고 하면 시대착오적이라는 소릴 들을 것이다. 하지만 당시만 해도 문제를 제기하는 사람이 거의 없었고 나의 여자 상사 같은 사람들도 있었다. 하지만 근 20년간, 오랫동안 당연시해오던 걸 거부하는 여자들이 점차 늘어나면서 국내 회사의 분위기도 많이 바뀌었다.

지금도 여전히 사회생활에서는 여성들에게 당연히 요구하는 일들, 기대하는 역할들이 있다. 대부분의 서무업무, 부서에 필요한 각종 살림, 뒤치다꺼리 등을 꼽을 수 있다. 해도 티가 안 나는 일만 여성에게 배당되는, 보이지 않는 차별이 여전히 존재한다. 그러나 세상은 저절로 변하지 않는다. 아무도 의문을 제기하지 않으면 아무것도 바뀌지 않는다. 가만히 있으면 가마니가 될 뿐이다. 당연한 것이 당연하지 않게 되는 그날을 꿈꾸며!

관련 에피소드

〔11화〕〔언슬조×명견만리〕 미투 그 이후:
그 많던 술자리 부장님들은 어디 갔을까

탈(脫) 유니폼 투쟁기

'롤마들' 김 부장

1997년. 정말이지 그땐 유니폼 입기가 죽기보다 싫었다. 교복도 안 입는 시절에 학교를 다녔던 내가 입사 후 처음 마주친 것은 촌스러운 유니폼이었다. 부푼 기대를 안고 멋진 정장을 입는 상상을 하며 출근했건만, 헐! 우리 회사에서는 대리 이하 여자 직원은 전부 유니폼을 입게 돼 있는 게 아닌가. 당시 대부분 제조업체의 상황이 마찬가지였는데 유니폼은 전문성이 없는, 직급이 낮은 사람들이 주로 입었다. 일종의 통제 수단인 셈이다.

그런데 유니폼의 촌스러움보다 더 이해할 수 없었던 건

남자들은 안 입는데 여자만 입는다는 것이었다. 입을 거면 다 같이 입고. 안 입을 거면 다 같이 안 입든가. 이런 @#$%^%*!!! 왜 여자들만 유니폼을 입어야 하는지 하도 어이가 없어서 물어보니 "가끔 단정치 않게 입고 다니는 여자들이 있어서"라는 벼락을 맞아도 시원치 않을 이야기를 사측에서 했던 것으로 기억한다.

세기도 귀찮을 만큼 그 시절에 보고 겪고 들은 남녀 차별이 많았지만, 유니폼은 그중에서 '탑 오브 더 탑'이다. 억울해하는 사람이 물론 나만은 아니었다. 그래서 외부 미팅이 잦았던 수출부 여자들끼리 어느 날 작당모의를 했다.

해외에서 오는 클라이언트를 만나는 날이면 우리는 유니폼을 넣어두고 세련된 사복 정장을 입을 수 있었다. 그래서 수출부 여직원들이 사복을 입고 다니면 주변 사람들은 '오늘 미팅이 있나 보다' 하고 넘어가곤 했는데, 우리는 그 점을 이용하기로 했다.

처음에는 하루, 그다음에는 이틀 연속, 그리고 사흘 연속으로 사복을 입을 것. 그렇게 하루씩 늘려 언젠가는 일주일

내내 유니폼이 아닌 사복 정장을 입을 것. 그렇게 말 한마디 하지 않고 우리의 뜻을 전달한다. 대놓고 시위하기로 한 셈이다. 친한 수출부 여직원 대여섯 명이 함께 총대를 멨다. 이제 우리에게 필요한 건 용기 그리고 동지였다.

천군만마처럼 여자 과장님들 중 몇 분이 우리를 응원해주었다. 위에서 뭐라고 하면 본인이 책임질 테니 그냥 사복 정장 입고 다니라고 말하는 멋진 분들도 계셨다. 이렇게 시작은 좋았다. 지지도 받고 욕도 얻어먹으면서 우리의 계획은 점점 커졌다. 야심도 포부도 대담해진 우리는 우리 몇 명만으로 뜻을 관철하기에 한계가 있다는 생각에 여자들이 모두 힘을 합쳐야 한다고 결론을 내렸다.

우리는 모든 여자 사원과 대리에게 알음알음 비밀스럽게 접선했다. 반란 공지의 주도는 몇몇 대리 언니들이 했고 난 연락책을 맡았다. 다행히 메시지는 별 탈 없이 모두에게 성공적으로 전달되었다. 모월 모일 모시에 여성 사원과 대리는 식당으로 모여라!

연대의 날이 다가왔다. 우리는 운동장만 한 식당을 가득 메운 여직원들을 상상하며 세상을 뒤엎을 기세로 식당으로 향했다. 그런데 두둥! 이게 웬일? 식당에는 고작 열 명 남짓한 우리 최측근만 모여 있었다.

거사 실패의 원인은 도대체 무엇이었을까. 알아보니 '탈(脫) 유니폼 투쟁'을 주도하던 우리가 놓친 부분이 있었다. 대졸 사원보다 훨씬 많았던 고졸 사원들의 얘기를 미처 귀 기울여 듣지 못했던 게 우리의 실수였다.

"깔끔한 정장 한 벌에 최소 30만 원은 하잖아. 계속 정장을 입는다면 한두 벌 필요한 게 아니라서 가격이 무척 부담스러워. 그래서 나는 유니폼이 훨씬 편해."

당시 고졸 사원들이 고등학교만 나온 것은 성적 때문이 아니라 대부분 집안 환경과 경제적 이유 때문이었다. 친한 고졸 사원 언니에게 이런 이야기를 듣고 생각이 짧았음을 반성했다.

혁명보다는 작고 저항보다는 컸던, 탈 유니폼 투쟁을 전사적으로 확장하려는 움직임은 대졸 여성보다 수적으로 다수인 고졸 여성들의 지지를 얻지 못해 그렇게 무위로 돌아갔다. 대여섯 명의 수출부 여자들만이 뜻을 굽히지 않고 사복 시위를 계속했으나 결국 탈 유니폼 움직임을 지켜보던 인사

과에서 불호령이 떨어졌다. 당시는 토요일에도 근무하던 시절이었고 그나마 토요일에는 자유복이 허용됐는데, 토요일에도 다 유니폼을 입으라는 지시가 떨어졌다. 결국 사람들한테 원성만 잔뜩 사게 됐다.

"잠자코 말 잘 들었으면 토요일 하루라도 자유로웠는데 너희 때문에 토요일까지…." 뭐 이렇게 된 셈이다.

한번 깨달은 이상 뒤로 가지 않는다고, 혁명 세력(?)에 대한 감시가 수그러들 때쯤 다시 정장을 입기 시작했다. 결국은 내가 퇴사한 다음에 곧 복장 자율화가 실시됐으니, 역시 성과가 없다고만은 할 수 없으렷다. 상투 자르고 한복에서 서양식 옷으로 바꿔 입던 갑오개혁 시절도 아니건만, 유니폼 벗어 던지는 게 혁명이었던 그 시절. 소수이지만 우리가 그렇게 행동에 옮기지 않았다면 갑자기 복장 자율화가 됐을까? 그냥 때가 돼서 바뀐 거라고 할 수 있을까?

관련 에피소드

(29화) 꼰대가 되어가는 X세대들을 위하여(김 부장편)

성공하려면 남자 같은 이미지를 만들어야 할까?

'롤마들' 김 부장

핑크색 원피스를 좋아하는 취향과는 딴판으로, 초년생 시절 내 옷장엔 검정, 회색, 남색이 가득했다. 지긋지긋한 차별의 기억으로 남은 첫 직장을 뒤로 하고 자유롭게 사복을 입는 외국계 금융회사에 입사하게 되었을 때, 내가 주로 입었던 건 무채색 바지 정장이었다.

애널리스트 시절, 업무 특성상 무거운 분위기의 미팅이 많았다. 클라이언트와의 미팅에선 늘 팽팽한 긴장감이 흐르곤 했다. 세계 경제나 기업 현황에 대해 논리 싸움을 하기 때문에 상당히 날 선 이야기가 오갔는데, 그런 자리에서 만만하게 보이지 않기 위해 당시 내가 취한 방식은 가능한 한 남자처럼 보이는 것이었다.

남색과 검정의 바지와 재킷, 그리고 블라우스 대신 흰색이나 하늘색 셔츠를 빳빳하게 다려 입었다. 강해 보이는 이미지를 고수하기 위해 당시 남자들 사이에서 유행하던 아르마니 정장 스타일을 그대로 따라 한 적도 있었다. 넥타이만 안 맸다뿐이지 남자들과 다를 바 없었다. 그렇게 그들과 비슷한 이미지를 가져야 한다는 강박은 전 직장에서 생존하는 법을 터득하면서 생겨난 것인지도 모른다.

이런 강박에서 벗어날 힌트를 접한 건 선배 언니와 함께 한 점심 식사 자리에서였다.

"여자만의 장점이 있는데 왜 그걸 못 살리는 거야?"

선배 언니는 외국인 여자 상사한테 들은 이야기를 전해주었다. 여자는 남자와 똑같이 할 때가 아니라 여자만의 장점을 부각할 때 훨씬 더 돋보인다며, 그런 점을 잘 고려해보라는 것이었다. 그중 하나가 다채로운 패션을 활용할 수 있다는 점이라고 했다. 하지만 나는 이해하지 못했다. 짧은 치마나 가슴이 도드라지는 옷만 떠올린 나는 그럼 여성성으로 어필하라는 것이냐며 손사래를 쳤다. 그러자 선배 언니가 말했다.

"그렇지 않아. 여자로서 장점을 부각한다는 게 꼭 섹시함을 강조한다는 뜻은 아니야."

그렇다면 어떻게 입는 게 최선이었을까? "오늘 치마가 좀 짧다?"라거나 "좀 튄다?" 같은 말은 보수적인 조직의 신입 여직원들이 드물지 않게 듣는 말이기도 하다. 조직생활을 하는 여자라면 누구나 한번쯤은 옷차림 고민을 해봤을 것이다. 개성 있게 입고 싶지만 튀어서는 안 되는 모호함, 반면 화려하게 입는 게 외부에서 활동할 때 더 인정받을 것이라는 기대, 하지만 과하다고 입에 오르내리지 않을까 하는 우려. 취향대로 입고 싶지만 만만하게 보이기는 싫어서 결국 새로 산 원피스를 다시 옷장에 집어넣고 바지 정장을 꺼내고 마는 아쉬움….

하지만 나는 그게 상상력 부족이었다는 걸 곧 알게 됐다. 여자들이 치마 입고 싸울 수 있다는 생각을 해본 적이 없었던 것이다. 화려해도 오해를 사지 않으며 내가 일할 때 효과적인 옷차림, 남자들의 갑옷을 닮지 않으면서도 만만해 보이지 않는 옷차림이 있다는 걸.

다음 해에 해외로 출장을 갔는데 이른바 '아하 모멘트(Aha moment, '아하!'라는 깨달음의 순간)'를 경험했다. 클라이언트 미팅을 마치고 우리 회사 뉴욕 사무실에 갔을 때다. 저쪽 멀리에서 한 동양 여성이 걸어오고 있었다. 풍채가 있고 얼굴의 잔주름을 가리지 않은 그녀는 누가 보기에도 평범한 중년 여성이었다. 하지만 강렬한 빨간색 치마 정장을 입은 그녀는 이상하게 굉장히 매력이 있었다. 당당하고 자신감 있는 모습에 한동안 눈을 뗄 수 없었다. 옆의 동료에게 저 여자분이 누구냐고 물었더니 우리 회사의 중국 이코노미스트란다. 그때 느꼈다.

'아, 저거구나. 단정하고 절제됐지만 돋보이는 옷차림. 여성적이지만 카리스마를 뿜어낼 수 있는 힘. 여성만이 빛낼 수 있는 강인한 우아함.'

그날 이후 개성 있고 밝은 색상의 옷들을 장만하기 시작했다. 남자처럼 보여야 한다는 강박은 검정, 남색 정장들과 함께 옷장 속 깊은 곳으로 집어넣어 버렸다. 과감하게 시도하지 못했던 나의 취향을 일할 때 활용하기 시작했다. 해외 출장을 떠날 땐 핫핑크 코트를 입었다. 하루는 핑크 하트가 그려진 검정 치마, 소매에 프릴이 달린 니트를 입고 미팅에 나갔다. 그러자 남녀 불문하고 모든 클라이언트가 환영했다. 평소처럼 날 선 이야기가 오가는 어렵고 불편한 자리에서도 핑크 코트 하나로 자연스럽게 아이스 브레이킹(ice breaking, 어색한 분위기를 깨뜨림)을 할 수 있었다. 대화도 훨씬 편해졌음은 물론이다.

"당신 옷 너무 멋있다", "개성 있다", "어디서 샀느냐" 같은 말을 종종 듣기 시작하면서 패션을 무기로 사용하게 됐다. 중요한 일이 있을 때 "오늘은 전투복을 입고 나가야 해"라고 하면서. 이른바 TPO(Time · Place · Occasion, 시간 · 장소 · 상황)에 맞춰 때로는 강인하게, 때로는 우아하게, 때로는 발랄하게 입게 됐다.

내가 갖고 있는 재능을 더 돋보이게 할 수 있다면, 나만의 스타일을 무기로 만들어보는 건 어떨까. 전 우주의 직장인들이여, 나만의 전투복을 만들어보자!

관련 에피소드

(1화) 성공한 커리어우먼이 되려면 남자와 똑같아져야 한다! vs. 아니다!

여자는 여자가 돕는다

'프로이직러' 이 과장

한때는 술, 정치와 같은 조직문화를 흡수하여 남자들의 리그에 참여하는 것만이 회사에서 살아남는 유일한 방법인 줄 알았다. 남자들의 문법을 습득하여 내 것으로 만드는 것. 그러지 못하면 리더가 되기는커녕 조직의 변방에 머무르는 데 그칠 것이라 생각했다. 나는 중심에서 보란 듯이 살아남고 싶었다. 회식 자리에도 언제든 기꺼이 갈 태세가 되어 있었고, 여자가 나 혼자뿐인 모임에도 빠지지 않고 나갔다. 고급 정보들이 오간다는 술자리에선 끝까지 자리를 지켰다.

하지만 대부분의 술자리에서는 기대와 달리 듣고 싶은 이야기는 없었다. 자기 자랑, 주변 사람 험담 등 회사 메신저로도 충분히 할 수 있는 시답잖은 내용뿐이었다.

한번은 술자리에서 "고추들은 능력이 없어서 여자들처럼 못 해"라는 말을 들었다. 본인 딴에는 일 잘하는 여자들을 칭찬하는 뜻이었겠지만 그 이야기를 아무렇지 않다는 듯 껄껄거리면서 하는데, 마치 내가 대화 속 안줏거리가 된 듯한 느낌. 그 자리에 여자는 나 혼자였다. 정신 나간 놈들이라고 생각했고, 너무 불쾌했지만 내색하지 못했다. 다들 술 한잔씩 해서 기분 좋게 흥이 올라 있는 이 화기애애한 분위기가 나의 한마디로 '화기애매'해질 것 같아서였다. 그러나 명백한 것 한 가지는 내가 이런 대화를 하고 싶어서 피부가 썩어가는 자정이 넘는 시간까지 버티는 게 아니라는 점이었다. '도대체 내가 이 자리에서 얻어가는 것은 뭔가. 나는 누구, 여긴 어디?'

이후 비슷한 자리에 몇 번 더 가고 나서는 꼭 필요한 자리가 아니면 가지 않는다. 기분만 나빠지고 별 의미도 없는 술자리는 나의 회사생활에 백해무익하다는 걸 잘 알게 돼서다. 하지만 그 덕분에 중요한 사실도 알게 됐다. 바로 나 스스로 남자들의 방식이 맞고 그들의 능력이 뛰어나서 리더가 된 것이라는 고정관념에 사로잡혀 있었다는 걸. 그리고 이 생각에 갇혀 남성 위주의 사회에서 형성된 일 처리 방식과 리더십 개념에 나를 맞추려 애쓰고 있다는 것도 깨달았다.

이 회사에 들어오기 전 이력서에 나는 분명 '여직원이 아니라 조직원이 되고 싶습니다'라고 썼다. 조직의 진정한 팀원으로 인정받아 제대로 된 팀워크로 성과를 내고 싶었지, 상명하복 서열 구조에서 권력을 행사하는 데에는 관심이 없었다. 팀워크 속에서 함께 성장하는 게 더 중요했다. 일하는 많은 여성이 나와 같은 감정을 느꼈으리라 확신한다. 조직원으로 인정받고자 했던 여자들이 낡은 방식에 스스로를 맞추려고 시도했을 것이고, 이내 좋은 방식이 아님을 깨닫고 시간이 지나면서 피하게 된 것 아닐까. 하지만 그런 이유로 여자들이 조직에서 뒤처지는 현실을 언제까지나 외면만 할 수는 없는 노릇이었다.

그 후 나는 남자들의 방식으로 만들어놓은 리더십에 나를 맞추기보다 내가 할 수 있는 일에 집중하기로 했다. 지금까지 하던 방식에 조금 변화를 주는 방법을 선택한 것이다. 업계의 여자들과 예전보다 더욱 적극적으로 식사를 하고 커피를 마셨다. 한번은 금융 공공기관에서 감사를 나온 여자분을 알게 되었다. 나와는 갑과 을의 관계였지만 용기를 내서 식사 자리를 제안했다. 그분은 흔쾌히 수락했고 함께 식사를 했다. 서로 나이대도 비슷하고 하는 고민도 비슷해서 기대 이상으로 이야기가 잘 통했다. 그러다 그분이 늦게 취업을 한 탓에 업계의 실질적인 분위기와 체계를 잘 몰라 어려워하고 있다는 사실을 알게 되었다. 난 같은 분야에서 일하고 실무를 잘 아는 여자 차장님이 떠올랐고, 그분을 소개해드리고 싶었다.

"도움이 될 거예요, 남자들끼리 골프 치면서 라인 만드는데 우리도 우리끼리 라인을 만들어봐요."

이런 이야기를 하며 깔깔거리다 보니 시간이 정신없이 지나갔다. 둘의 자리가 셋의 자리로 이어졌고, 서로의 고충을 이해하고 위로해주면서 모두 큰 힘을 얻었다. 이런 조그마한 연대와 유대는 여자들을 함께 성장시키는 든든한 자산이 된다.

사람들은 나에게 제2의 직업으로 헤드헌터를 추천하곤 한다. 내가 있는 업계는 특정 자리에 공석이 생기면 공식적인 채용 절차보다는 추천과 소개로 채우는 경우가 많다. '프로이직러'인 나의 특성과 경험 때문에 사람을 추천해달라는 요청을 많이 듣는다. 그럴 때마다 나는 적극적으로 주위의 여자들을 추천해준다. 그러면서 자주 하는 말이 있다.

"팀장님이 잘돼서 자리 잡으면 나중에 내가 그 밑으로 들어가서 잘 받쳐드릴게요. 이번에 잘되면 정말 좋겠어요. 팀이 잘되면 저번에 같이 봤던 그 대리님도 데려오고, 그러면 진짜 어벤저스 급인데요. 이러다가 우리끼리 회사도 만들 수 있겠어요."

아직까지 이루진 못했지만 상상하는 것만으로도 기분이 좋아진다. 이 얼마나 근사하고 멋진 일인가. 일 잘하는 여성들의 팀을 꾸려서 최고의 팀워크로 일하며 활개 치는 모습. 각기 다른 장소에서 비슷한 고민을 하며 고군분투하는 여자들에게는 이런 한마디와 조그마한 일들이 얼마나 큰 자신감과 용기를 주는지 너무나도 잘 안다. 그리고 이때 내가 더 강해진다는 것도. 지금까지도 잘해왔지만, 직업인으로서 인정받기 위해 더욱 지지하고 도우며 우리의 서사를 만들어가야 한다.

관련 에피소드

〔66화〕 **여자는 여자의 적? No! 여자는 여자가 돕는다! (ft. 뒤에 올 여성들에게)**

ON AIR

일하는 만큼 대우받지 못하는 것 같아요

Q 저는 대기업 차장으로 일하고 있는 30대 후반 여성입니다. 일찍 취직하여 나이는 어린데 연차가 쌓여 동일 직급 남직원들과 나이 차이가 적게는 세 살, 많게는 여섯 살도 나는 상황입니다.

그러다 보니 진급 때마다 나이가 어리다는 이유로 계속해서 평가에서 불이익을 받습니다. "인정상 나이가 어린 네가 이번 한 번은 밀려라"라는 말을 들으면서 계속해서 승진에서 1년씩 밀렸습니다. 그렇다면 이에 상응하는 다른 보상이라도 당당히 요구하고 싶은데, 그걸 잘 못 해왔어요. 제가 업무에서는 또박또박 잘 따지는데 정작 저의 성과나 업무 분장에서 의견을 제대로 피력하지 못합니다. 면담에 들어가면 업무란 업무는 다 껴안고 나옵니다. '너밖에 믿을 사람 없다'고 하면 딱히 반박을 못해요.

연봉 협상, 업무 분장, 승진 관련 면담에서 제 성과를 피력하고 원하는 바를 이루고 싶은데, 좋은 팁이나 노하우를 알려주세요.

- 젊은차장 님

(사연을 보내주신 '젊은차장' 님께 감사드립니다.)

김 부장 어떤 상황인지 너무 잘 그려집니다. 제가 느끼기에는 회사가 사연 주신 분을 많이 이용하고 있는 듯해요. 사실 차장님이 조용하게 자기만의 일을 열심히 하시는 분이 아닌가 합니다. 하지만 회사는 가만히 있는다고 알아서 보상을 주는 곳이 아니지요. '우는 놈 떡 하나 더 준다'는 말이 딱 들어맞는 곳이거든요.

문 대리 맞아요. 딱 이거.

김 부장 네, 그렇다고 "나 이거 했으니까 이거 내놔!" 하고 갑자기 세게 들이받을 필요는 없어요. 다만 내가 어떤 일을 했는지 그때그때 상기시키는 게 필요하다고 생각합니다. 그리고 조금 더 팁을 드리자면, 이미지 쇄신을 할 필요가 있어요.

이 과장 캐릭터를 바꾸라는 말씀이시죠?

김 부장 네, 캐릭터를요. 이직도 안 하고 조용히 일만 하고, 가만히 있으면 회사는 '가마니'로 보거든요. 정말로요. 때로는 잔소리도 하고 우는 소리도 하는 캐릭터가 되기도 해야 돼요.

신 차장 저는 이분의 사연에서 가장 안타까운 게, 일을 할 때는 또박또박 잘 따지는데 정작 성과나 업무 분장 관련 면담에서는 말씀을 잘 못 한다고 하신 부분이에요. 안타깝게도, 사실은 반대로 해야 직장생활이 훨씬 편해요.

이 과장 맞아요. 말하지 않으면 아무도 몰라요.

신 차장 실제로 일은 못해도 자기 PR을 잘하는 사람들이 이직도 잘하고 승진도 잘하더라고요. 이건 저도 여태까지 회사를 다니면서 본 건데 사실이에요.

저도 한때 일이 되게 많이 몰린 적이 있었어요. 어떤 프로젝트의 뒤처리를 하는 일이어서, 시간과 노력은 굉장히 많이 드는데 티가 안 나는 거예요. 그걸 1년 내내 하는데 아무도 몰라주니까 화가 나더라고요. 인정도 못 받고. 그래서 엑셀 파일로 다 정리해서 이메일 몇 개 썼고, 몇 개 받았고, 해결될 때까지 며칠 걸렸는지 다 적어야겠다고 생각했어요. 그렇게 들이밀면 할 말이 있겠어요, 솔직히? 매니저 입장에서도 말이에요.

이 과장 저는 분기별로 제가 한 일을 정리했어요. 1년마다 있는 성과평가 기간에 업무 실적을 제출하라고 하잖아요. 1년 동안 내가 한 일이 뭔지. 그런데 기억에는 엄청 바쁘게 열심히 일한 것 같은데 막상 쓰려고 하면 또 없는 거예요.

문 대리 기억이 안 나요. 맞아.

이 과장 네, 그래서 그때그때 정리를 하시는 게 좋아요. 무슨 일을 했는지, 얼마만큼의 성과를 냈는지. 참고로 제가 있던 예전 회사에서는 FT라고 해서 각 업무에 쓰는 시간을 모두 수치화해서 액셀 표로 싹 정리했어요. 그렇게 내 일을 정리해서 보여줘야 알지, 실무를 안 하는 상사들은 전혀 감을 못 잡거든요.

신 차장 맞아요. 그리고 승진도 안 시켜주면서 업무만 계속 떠안길 땐, 상사에게 달려가서 '이런 이슈가 있다'고 얘기해 보세요. 그럼 상사가 이렇게 얘기할 수 있겠죠? "알아서 해결할 수 없어?" 그때 얘기하시는 거예요. "전 차장입니다. 차장의 권한밖에 없기 때문에 윗분께서 아셔야 할 것 같아서 보고 드리는 겁니다"라는 식으로요.

이 과장 맞아요. 그런 것도 좋고, 점심시간이나 티타임을 가질 때 그냥 살짝 흘리는 방법도 괜찮아요. 내가 이렇게 고생하고 있다. 심각한 분위기를 조성해서 어느 날 갑자기 한꺼번에 얘기하는 것보다, 평소에 살짝 흘려두는 전략을 권합니다. 그다음에 중요한 협상을 할 때 상대방의 감정을 건드리지 않는 것도 주의하셔야 하고요. 꼭 윗사람의 권위를 인정해주고 시작하세요. 그리고 면담을 할 때 약간의 위트를 섞는 것도 방법이에요. 저는 예전에 연봉 협상을 하는데 너무 제 기준에 못 미쳐서 이렇게 말한 적도 있어요. "팀장님, 저 결혼해야 해요." (일동 웃음) 돈 모아야 한다고. 큰일 난다고. 그러니까 조금만 올려달라고. 그때 적령기였거든요.

신 차장 그렇죠. 정색하는 것보다는 웃으면서 농담을 섞으면 상대방도 민망하지 않게 넘어갈 수 있으니까요. "내가 말이 안 되는 말을 했구나.

허허" 하고.

문 대리 아까 살짝살짝 흘려둔다고 하셨잖아요? 제 생각엔 그것도 꼭 상사를 상대로 할 필요는 없어요. 타 부서, 옆에 있는 동료, 후배에게 계속 가볍게 흘리는 거죠.

신 차장 여론 조성을 하는 건가요?

문 대리 네, 그렇죠. '쟤는 일을 정말 많이 하는 애다' 하는 여론을 조성해야지, 어느 날 갑자기 따져서 원하는 바를 얻어내기는 굉장히 힘들어요. 그리고 막상 그 순간이 오면 또 말을 못하게 되거든요. 결국 지금 중요한 것은 홍보라는 얘기죠.

김 부장 홍보죠. 그런데 살짝살짝 흘리기가 쉬운가요?

이 과장 이것도 연습이 필요하다고 생각해요. 점심시간이나 차 마실 때 "너 요새 힘든 거 없니?"라고 먼저 물어볼 수도 있잖아요. 그때 상대방이 힘든 걸 얘기하면 "나도 이것 때문에 힘들다" 하면서 대화를 유도해나가도 좋아요. 표나게 자기 상황을 흘리는 게 좋죠.

신 차장 그래서 나중에 PR의 여왕이 되셔서 승진도 하시고 이직도 잘하시기를 바라겠습니다. 그리고 일 잘하는 것보다 PR 잘하는 게 더 쉬워요, 사실.

사원도 부장도, 다 처음이라

2장

대리끼리 대동단결

'대리끼리 대동단결' 문 대리

당시 우리 팀은 대리들이 일을 다 했다. 상사가 하는 건 보고와 회의였고 실무를 뛰며 자료를 만들고 결과를 만드는 건 결국 대리였다. 어떤 날에는 임원 보고도 대리가 들어가야 했다. 상사는 개인적인 일로 자리를 비우는 날이 많았고, 종종 히스테리를 부렸다. 기분이 좋지 않은 날에는 급한 보고도 받으려 하지 않아서 대리들을 곤란하게 했다. 일이 잘못되어 잘잘못을 따지는 날이면 대리가 총알받이가 됐다. 밑에 사원급 직원도 거의 없었기 때문에 전표 치고 종이 받아 오고 프린터 고치고 보고서 취합하는 잡무도 대리들이 다 나눠서 했다.

그런데 같은 팀이 되고도 몇 달째 회식 한 번 한 적이 없었다. 어느 날, 회사에 행사가 있었고 자연스럽게 자리가 만들어졌다. 우리 팀 대리들이 다 모여 앉았다. 어색할 줄 알았는데, 술이 한 잔 두 잔 들어가니 금세 시끌벅적해졌다.

너 나 할 것 없이 회사생활의 고충, 상사로부터 받는 스트레스를 털어놓았다. 몇 마디 오가지 않았는데, 길게 말하지 않아도 그 어이없음, 답답함, 울분을 공유하기 시작했다. "너도 그런 적 있었어? 나도 그랬어!" 천군만마를 얻은 기분이었다. 다른 대리들이 평소에 상사 앞에서 허허실실하는 모습을 보면서 '상사와 잘 지내지 못하는 사람은 나밖에 없구나' 하며 자괴감을 느낀 적이 한두 번이 아니었다. 그렇게 내 속만 까맣게 타들어가고 넌 멀쩡한 줄 알았는데 네 속도 나와 같다는 걸 알게 됐다. 알고 보니 다들 술이라면 한가락씩 한다는 사람들인데, 그동안 어찌 안 모였는지 신기할 따름이었다.

하루는 어떤 프로젝트를 진행하는데 문제점이 수두룩하게 발견됐다. 프로젝트를 맡은 윤 대리는 그 문제점들을 해결하지 않고는 진행할 수 없다고 상사에게 보고했다. 무슨 생각인지 상사는 문제를 그냥 덮어놓고 프로젝트를 강행하려고 했다. 문제를 바로잡고자 윤 대리는 계속 상사와 부딪혔고, 급기야 상사는 윤 대리를 배제하고 독단적으로 프로젝트를 진행했다.

시간이 흘러 프로젝트를 임원에게 보고했고 임원은 프로젝트의 문제점을 낱낱이 캐물었다. 그 질문들은 이미 윤 대리가 제기했던 문제와 닿아 있었고, 상사는 당연히 대답을 제대로 하지 못했다. 보고를 마치고 씩씩거리며 돌아온 상사는 팀원들을 소집하더니 윤 대리에게 화풀이를 하기 시작했다. 윤 대리가 제대로 챙기지 않아서 이렇게 됐다는 황당한 질책이었다. 윤 대리는 할 말을 잃은 채 잠자코 있었다. 그때 보다 못한 강 대리가 지금까지 있었던 일을 차분히 이야기하면서 당신의 문제를 왜 윤 대리에게 떠넘기느냐고 상사에게 따졌다. 상사는 멋쩍었는지 어색한 분위기로 회의를 해산시켰다.

그 후로 그동안 쌓여왔던 문제가 불거져 팀 전체가 인사팀 면담을 했고, 결국 팀장은 다른 팀으로 발령이 났다. 대리끼리 서로가 겪고 있는 문제점을 잘 알고 있었고, 유대가 확실했기 때문에 문제 상황에 함께 반기를 들고 이를 제대로 바로잡을 수 있었다.

큰 버팀목이던 동료 대리들이 없었다면 그 시절을 버텨낼 수 있었을까? 나이도 경력도 천차만별이지만, 그래도 같은 직급이라 겪는 서러움은 비슷비슷했나 보다.

대리는 말귀도 적당히 알아들으니 사소한 일부터 보고서 작성까지 다 할 수 있는, 그러면서도 몸값이 비싸지는 않은 전형적인 '가성비 갑' 직급이다. 조직에서 인원이 가장 많은 직급이며 과장 일도 대신 할 수 있고 사원 일도 대신 할 수 있는, 말 그대로 다 '대리'할 수 있는 직급이다. 거기다가 과장이 사원에게 하고 싶은 이야기도 사원은 잘 이해하지 못할 가능성이 크기 때문에 대리한테 말해서 시정시키고, 사원이 과장에게 하고 싶은 말도 대리한테 말하게 되는 것이 보통이다. 그뿐이랴. 사원도 가르쳐야 하고 실무자로서 일도 가장 많이 하는 직급 아닌가.

그러니 대리들이여, 혼자 있지 말고 주변의 대리들과 연대해서 부서 분위기를 주도해보자. 회사 내의 젊은 피이기도 하면서 일도 좀 할 줄 아니, 이런 연대의 힘이 커지면 회사에서도 주목할 만큼 영향력을 가질 수 있으리라 기대해본다. 이런 영향력이 모이면 회사도 더 긍정적으로 바뀌지 않을까? 대리끼리 대동단결!

관련 에피소드

(55화) **대리끼리 대동단결! 회사는 대리들이 움직인다 (ft. 부산직딩)**

어서 와, 리더는 처음이지?

'대리끼리 대동단결' 문 대리

어디서부터 문제였을까. 후배들에게 일을 줄 때마다 감정이 상하는 것 같았다. 마감재 물량을 뽑아야 했는데, 후배에게 내가 보낸 양식에 맞춰서 뽑아달라고 말했다. 보통은 필요 물량을 통으로 뽑으면 되지만 각각의 공간과 위치에 따라 세세하게 잡혀 있는 것을 보고 후배는 "왜 이렇게까지 해야 해요? 그냥 통으로 뽑으면 안 돼요?"라고 말했다. 나의 방식에 불만을 제기한 것이다. 순간 무척 당황했다. 말하면 그대로 할 줄 알았는데 예상치 못한 부분에서 지적을 받으니, 그야말로 '동공지진' 상태라고나 할까. 그래도 차분히 설명하려

노력했다.

"이렇게 나눠서 해둬야 나중에 정산할 때도 편하고, 혹시 모를 설계 변경이 있을 때도 대응이 쉽고…."

땀을 뻘뻘 흘리면서 설명했지만 여전히 불필요한 일을 왜 하느냐는 반응이었다. 끝내 수긍은 하지 않았고, 시키니까 마지못해 한다는 태도였다. 그 후에 일을 또 주려고 하면 후배들은 방어적으로 나왔다. 지금 하는 일도 이미 많다는 식으로, 일을 받지 않으려고 이 핑계 저 핑계를 대는 게 눈에 보였다.

그렇게 실랑이를 하느니 내가 하는 쪽이 차라리 마음 편했다. 소심한 난, 일을 주는 데 점점 조심스러워졌다. 일을 최소화해서 주거나 모아서 한꺼번에 주는 등 애를 썼다. 하지만 내가 애쓴 보람도 없이 일은 생각대로 흘러가지 않았고, 추가로 일을 줘야 하는 상황이 생겼다. 나중엔 초반에 최소화해서 줬던 일들이 다시 불어나 추가로 더 줘야 하기도 했다. 일을 받는 사람 입장에선 많다가 적어지면 괜찮지만, 적다가 많아지면 짜증이 나기 마련이다. 조삼모사인 걸 알아도 사람 마음이 그렇지 않으니.

그런 일을 몇 번 겪으면서 스트레스를 많이 받았다. 일은 다급하고, 후배들은 내 맘처럼 움직여주질 않고. 중간에 끼어 이러지도 못하고 저러지도 못하고 있는 느낌이었다. 당시 내 상태는 건물의 기둥에 비유할 수 있다. 기둥은 그냥 그 자리에 태평하게 서 있는 것 같아 보여도 압력을 계속 받고 있다. 그 압력이 지속적으로 가해져도 견딜 수 있으면 그 자리에 계속 서 있는 것이고, 견딜 수 있는 한계를 넘어서면 휘거나 부서진다. 나 역시 다른 사람 눈에는 평온하게 일하는 것처럼 보였겠지만, 견디느냐 부서지느냐 갈림길에 서 있었다.

왜 나는 일을 시키면서 스트레스를 받는지 곰곰이 생각해봤다. 가만히 돌이켜본 결과, 지나치게 좋은 사람이 되려고 애쓰는 나를 발견했다. 그렇다. 원인이 나에게 있었던 것이다. 좋은 사람도 되고 싶고 일도 빨리 처리하고 싶었다. 어차피 많은 일인데, 조금 주는 척하려다 보니 계속 엇나갔던 것이다. 거기서 한 꺼풀 벗겨 더 솔직한 내면으로 가니 자격지심이 자리를 잡고 있었다. 스스로 자신이 없었던 것이 큰 문제였다. 일을 시키면서도 긴가민가하니 일을 받는 사람도 신

뢰감을 갖지 못했을 것이다. 불안함을 감추려 하다 보니, 차근차근 설명해주기보다 내가 하는 말이 진리이니 따르라는 은근히 강압적인 방식으로 밀고 나가게 됐다.

그때부터 좋은 사람이 되기보다 일이 원활하게 진행되도록 하는 사람이 되어야겠다고 마음먹었다. 초반에 원성을 듣게 되더라도, 애초에 일이 많으면 많은 대로 적으면 적은 대로 가감 없이 전달하면서 세부적인 부분들을 최대한 빠뜨리지 않으려 신경을 썼다. 그 후에 수정을 할 때는 생략해도 되는 일을 하나둘씩 뺐더니 일 시키기가 한결 수월해졌다.

일도 잘하고 좋은 사람이면 얼마나 좋겠는가만, 그건 쉽지 않은 일이며 어쩌면 욕심이다. 차라리 깔끔하게 양자택일, 선택과 집중을 하기로 했다. '회사에 무엇을 하러 오는가'라는 근본적인 질문부터 시작하자. 나도 그렇고 남들도 그렇고, 일을 하러 온다. 적어도 회사에서는 일을 잘하는 사람이 곧 좋은 사람이 될 수 있다고 생각한다. 역은 가능할까? 의문부호가 붙는다. 회사 시스템이 훌륭해 모든 일이 일사천리로 진행된다면 좋겠지만, 예나 지금이나 합리적으로 착착 진행되지 않는다. 애초에 일을 주는 사람이 좋은 사람이 되기 어려운 시스템이기도 하다. 이럴 때 내가 일을 잘한다면, 불확실성을 줄이고 문제를 잘 해결할 수 있지 않을까? 그리고 이는 나를 포함한 후배와 동료 모두에게 '좋은' 일이다.

일 때문에 대인관계가 원만하지 않거나 회사생활에 잡음이 생긴다고 느낄 때면, 이 말을 떠올리곤 한다. '좋은 사람 이전에 일 잘하는 사람이 되어야 한다.'

관련 에피소드

(51화) **사람 관리, 왜 이리 어려울까: 문 대리의 분노와 이 과장의 항변**

대리는 모르는 과장의 속마음

설 연휴 마지막 날 저녁 휴대폰이 요란하게 울렸다. 상사였다. 출근 시간에 대해 이야기할 예정이니 내일은 특별히 일찍 출근하라는 메시지였다. 기분 나쁜 예감이 들었다. '시간 딱 맞춰서 출근하는 직원의 모습이 그간 눈엣가시였구나.'

어김없이 아침은 찾아와 출근을 했다. 직원들끼리 '진실의 방'이라고 하는 곳에 불려 들어가 자리에 앉았다. 그리고 본래의 출근 시간보다 30분 일찍 와서 자리에 앉아 있으라는 소리를 들었다. 아침부터 잔소리를 들으니 당연히 기분이 좋지 않았다. 그런데 한편으로는 상사가 어떤 연유로 그런 말을 했는지 알 것도 같았다. 과장이 되고 나니 예전엔 보이지 않던 것들이 눈에 들어오기 시작했기 때문이다.

직원들의 출퇴근 시간이 그중 하나다. 어린 직원들이 일찍 나와서 주변을 정리하는 태도를 보이면 왠지 더 일할 자세가 되어 있는 것처럼 느껴졌고 그 모습이 좋게 보였다. 팀장이 없는 날이면 평소에 일찍 출근하는 직원에게는 "오늘은 어서 빨리 가봐"라고 말하게 된다. 하지만 정해진 시간에 딱 맞춰 출근하는 직원에게는 이상하게도 빨리 가보라는 말이 쉽게 나오지 않는다. 왜 그런 마음이 드는지 설명해보라고 하면 못 한다. "너희도 과장이 되면 내 마음을 알 거야"라고 얼버무리며 넘어가겠지.

이튿날 긴장감을 안고 30분 일찍 출근했다. 하지만 직원 몇몇은 어제의 잔소리를 흘려들었는지 자신만의 출근 시간을 유지했다. 난 변함없는 그들의 태도에 한마디 하려고 했다. 하지만 결국 하지 못했다. 실은 나도 대리 시절엔 그랬으니까.

그때는 우습게도 공식적인 출근 시간보다 20~30분 일찍 나와서 자리에 앉아야 좋다는 상사의 생각을 이해할 수 없었다. 일찍 온다고 정시 퇴근을 할 수 있는 것도 아니니 더더욱 그랬다. 그리고 일찍 와서 업무 준비를 하기보다는 딴짓을 하는 사람들이 많았기 때문에 단지 보여주기를 위한 출근이라 생각했다. 그래, 겉치레보다는 실속 있게 제대로 일하는 게 중요하지. "뭣이 중헌디?!" 이랬던 나였다.

"이제 과장이니깐 중간관리잖아. 그럼 밑의 직원 관리도 좀 해야지."

한 달 전 면담에서 들은 얘기다. 충분히 잘하고 있노라 보란 듯이 증명하고 싶은 욕심이 생긴 것도 사실이다. 그런데 이렇게 또 후배 직원을 보면 그 마음이 어느새 뒤집힌다. 그들의 마음을 모르는 것도 아니고, 게다가 규정에 맞춰 출근한 것이니 그냥 넘어가도 되지 않을까? 괜한 얘기를 했다가 꼰대 같다는 소리를 듣는 것도 달갑지 않았다. 그렇다고 그저 지켜보고만 있자니 회사생활의 기본이라 불리는 근태조차 제대로 관리하지 못하는 무능력자로 비치지 않을까 걱정이 몰려왔다. 혼란의 연속이었다.

'으악, 내 안에 내가 너무도 많아!' 고작 출근 시간 하나로 이러지도 못하고 저러지도 못했다. 그렇게 몇 달 후, 결국 나는 이런 소리를 듣는 중간관리자가 됐다.

"이 과장, 밑에 애들 관리 안 해? 본인만 괜찮으면 되나? 자네는 개인주의 성향이 강한 것 같아." 맙소사.

사람 관리 때문에 너무 스트레스를 받아 꿈에서까지 시달릴 정도였다. 사실 "밑의 직원 관리를 해야지?"라는 말은 모호하기 짝이 없는 말이었다. 말은 '관리'였지만 나만의 번역기를 돌려보니 '감시'로 해석됐다. 말하자면 이런 거다.

"후배 일거수일투족 잘 봐놨다가 나한테 빠짐없이 이야기 해줘. 무슨 일이 생기면 중간에서 잘 차단하고."

관리자가 아니라 감시자의 역할을 기대하는 것 같았다. 하지만 난 그러고 싶지 않았고 무언가를 컨트롤할 위치도 되지 못했다. 얼마만큼, 어떻게 해야 할지 기준을 찾기가 어려웠고, 이것이 내가 압박감을 느낀 이유였다. 결단이 필요했다.

그래서 찾은 돌파구가 후배에게 '솔직하게 말하기'였다. 내가 생각한 솔직함의 실행 방법은 뉘앙스와 태도로 '나는 당신의 편'이라는 점을 최대한 보여주는 것이었다. '위에서 자꾸 아랫사람 관리하라고 한다. 내가 보기엔 지금 충분히 잘하고 있어서 그럴 필요가 없다. 게다가 나는 윗분이 원하는 방식대로 하고 싶진 않다. 하지만 내 입장에서는 윗분들에게 뭔가를 하고 있다는 것을 어느 정도 보여줄 필요도 있다.' 이렇게 솔직히 말하면서도 이렇게 하는 것이 맞을까, 나를 얕잡아보면 어떡하지 걱정이 됐다. 그러나 예상과 달리 "그럼 관리 잘하고 있다는 걸 보여줄 수 있게 크게 쇼 한번 하세요. 과장님, 제가 다 받아드릴게요"라고 하는 게 아닌가! '솔직함'이 먹힌 것이다. 괜한 혼자만의 스트레스로 꿈에서까지 시달렸다는 사실이 무색해진 순간이었다.

중간관리자는 자신도 모르게 곤란한 위치에 놓여 위아래로 이중 눈칫밥을 먹는다. 상사의 비위를 맞추고 후배의 눈치를 보는 자리다. 아니, 후배의 눈치를 보고 상사의 비위를 맞추는 것이었나? 위와 아래의 관계 속에서 정신없는 탱탱볼 같은 처지이니 유연하게 움직이며 처세를 잘해야 한다. 오늘도 중간관리자는 온몸으로 치열하게 사는 방식을 습득해야 한다.

관련 에피소드

[51화] **사람 관리, 왜 이리 어려울까: 문 대리의 분노와 이 과장의 항변**

중간관리자는 억울해:
권한은 없고 책임만 있는

"제가 놀고 있는 건 아니잖아요? 저도 바빠요."

양 대리가 내게 말했다.

외부 기관에 제출해야 하는 보고서의 기한이 얼마 남지 않았으니 서두르라 말하며, 지금 어떠한 일을 하고 있는지 확인했을 뿐이었다. 이 대답을 들은 후 몇 시간이 지나, 팀장은 내게 외부 보고서 처리가 이상 없게 진행되고 있느냐고 물었다. 나는 얼버무리고 있는데, 어디서 나타났는지 양 대리가 "팀장님, 제가 주말에 나와서 차질 없도록 진행할게요" 하고 웃으면서 이야기하는 게 아닌가.

말은 이렇게 해도 맡은 일은 곧잘 하는 양 대리를 믿고 기다렸다. 그런데 시간이 지나 처리 기한이 하루밖에 안 남았는데 이렇다 할 보고가 없는 게 아닌가. 다급한 마음에 양 대리를 찾았다.

"아, 지금 팀장님이 시킨 더 급한 일이 있어서요"라며 모니터를 보고 대답할 뿐이었다.

결국 외부 보고서는 내 차지가 되어, 발은 동동 구르고 입은 툴툴거리며 처리했다.

내가 그리던 중간관리자의 모습은 이런 게 아니었다. 잡다한 일에서 벗어나고 자신만의 권한이 생기는 것도 중간관리자부터다. 나름대로 목소리에 무게감이 실려 따르는 후배들과 밀어주는 선배들도 생기며, 조직 내에서의 위상도 조금 높아진다.

하지만 이것은 다 호시절의 이야기다. 나와는 전혀 상관없다. 지금은 역피라미드 조직이 되어 직급이 높아질수록 경쟁이 심해져 만년 과장에서 끝날지도 모른다는 사실을 받아들이는 연습을 하고 있다. 임원으로 가는 길은 병목현상이 심해 나에게까지 길을 내어주지 않는다. 게다가 할 말 다 하고 일도 야무지게 하는 후배들이 변기에 물 차오르듯 올라오는 통에 양쪽의 압박을 받는 신세다.

그래서 앞서 말한 것과 비슷한 일이 발생했을 때 윗사람이 팀 회의 시간에 "이 과장 리딩 아래 외부 보고서 건 차질 없이 처리할 수 있도록 협조하세요"라는 말을 공식적으로 해줬으면 했다. 진작 그랬다면 멀리 떨어져 아무것도 모르는 팀장의 묵언 지시에 혼자 전전긍긍할 필요도 없었을 것이고 양 대리와 서로 기분이 언짢은 일이 발생하지 않았을지도 모른다.

담당 임원과 면담을 했다. 팀장이 자율성을 강조하는 쪽으로 조직을 이끌어 중간관리자인 나에게 힘이 실리지 않는다. 그래서 일에 차질이 생기는 경우가 종종 발생해 힘들다고 솔직하게 이야기했다. 약한 모습으로 비치고 싶지 않아 단호하게 말했다.

"저도 자율적인 분위기를 원합니다. 하지만 위계조직이기 때문에 조직 관리에는 어느 정도 권한이 필요합니다. 그런데 권한은 없고 책임만 있는 상태에서는 일하기도 어렵고 관리가 쉽지 않습니다. 아니, 어떻게 해야 하는지 잘 모르겠습니다."

내가 원하는 것을 어필할 때는 윗분의 권위를 존중하는 태도를 일관성 있게 보여주는 게 중요하다. 당신에게 도움이 되고 싶은데 방법을 잘 모르겠다는 것도 내비쳤다. 이때 속으로는 관리자로서의 역량에 한계가 있다는 것을 자진납부하는 괜한 짓을 하는 건 아닌가 신경 쓰였다. 가만히 있으면 중간이라도 간다는데 말이다.

그런데 결과는 기대보다 좋았다. 임원은 팀장한테 직접 말해본 적이 있느냐고 물었다. 이 과장이 이렇게 고민한다는 걸 알면 팀장도 도와줄 것이고, 그도 혼자 하는 것보다 밑에서 받쳐주는 사람이 있으면 훨씬 수월해질 테니 반길 것이라는 답변이었다. 그 이야기를 듣다가 아차 싶었다. 묵묵히 내 일만 하고 있으면 절대로 알아주지 않는다는 것을 10년 동안 경험했는데 또 이러고 있다니. 그러니까 지금 팀장에게도 한번쯤은 솔직하게 이야기를 했어야 하는 거다. '나에게 더 많은 권한을 주면 당신이 원하는 것을 할 수 있다'라고 말이다.

그 말을 듣고 팀장에게 말했다. 중간관리자로서 더 확고한 위치로 올라가기 위해 더 많은 권한이 필요하다고. 팀장은 알았다고 대답했다. 이후 딱히 상황이 나아지진 않았다. 그래도 말이라도 하니 답답했던 마음은 한결 가벼워졌다. 적어도 권한이라는 것이 알아서 내려오지 않는다는 사실을 깨달았으니 이 또한 좋은 경험 아닌가.

그리고 내가 할 만큼 하고 있다는 것이 팀장에게 전달만 되었다는 사실만으로도 위로가 되었고, 속이 뻥 뚫렸다. 비록 여전히 권한에 비해 많은 책임에 어깨가 딱딱하게 뭉쳐가고 있지만 말이다. 어찌 한 술에 배부르랴.

관련 에피소드

〔47화〕 **82년생 김 과장:**
눈치 보고 비위 맞추는 그녀들의 속사정(ft. 과장 떼 토크)

우리 반항아는 못 돼도 '쫄보'는 되지 말자

회사의 일에는 두 부류가 있다. 제대로 인정받는 일과 인정받기 어려운 일. 전자는 회사에 돈을 벌어다 주는 일들로 가치 있게 여겨진다. 후자는 흔히 지원업무라 불리는 일들로, 누구나 할 수 있는 종류의 일로 취급된다. 그리고 어느 쪽에도 속하지 않는 게 있으니, 바로 잡일이다. 양이 많고, 귀찮을뿐더러 아무리 잘해도 티가 나지 않는 그런 일. 서무업무라고 불리는 이런 일들은 회사 일 중 꽤 많은 부분을 차지한다. 이런 일들은 대부분 힘이 없는 막내 직원, 그중에서도 '여자' 막내 직원이 한다.

나라고 이런 일들을 비켜 갈 수는 없었다. 간식을 사러 마트 가기(지금은 세상이 좋아져 인터넷으로 주문한다), 상사의 손님이 오면 차를 내어드리고 돌아가면 수북하게 쌓인 찻잔 설거지하기, 상사의 택배 심부름, 거래처에 전할 명절 선물 포장하기, 법인카드(인데 개인을 위해 쓴 내역) 정산하기, 일명 '카드 떨기'라 불리는 등등의 일을 했다.

화가 나는 건 이런 일들을 열심히 하다가 정작 중요한 내 일은 하지 못해 야근을 해야만 하는 현실이었다. 누구 하나 알아주지도 않는 자잘한 일들을 하느라 남들 다 집에 가는데 가지 못하는 억울함. 지원업무와 잡일로는 윗사람의 인정을 받기가 쉽지 않다. 설거지 잘한다고 칭찬하는 상사를 본 적 있는가? 간식 사러 마트 간 횟수가 고과에 반영되는 회사가 있을까? 없다. 승진 고과 시즌에 나의 성과를 말해야 할 때면 너무 사소한 일로 여겨져 아무런 도움이 되지 않았다. 돈을 벌어오는 일, 아무나 못 하는 일을 담당하는 사람들한테 밀리기 일쑤였다.

그래서 나중에 직급이 좀 쌓이면 이런 일들을 하는 후배들을 잘 챙겨줘야겠다고 늘 생각했다. 챙겨주는 것이 무엇인지는 잘 모르겠지만, 적어도 그들이 회사에서 하는 일들의 가치가 인정받을 수 있도록 해주는 것이다. 초년생 시절 내가 느꼈던 억울함을 내 뒤에 오는 친구들은 조금이라도 덜 느꼈으면 했다. 자기가 한 만큼 당당하게 인정받았으면 했다.

우연하게도, 이런 마음가짐을 보여줄 기회가 생겼다. 타사와 저녁을 함께하는 자리에서 팀장이 팀원을 소개하는데 버젓이 영업관리라는 담당 업무가 있음에도(그것도 너무나 중요한 업무인데) '○○ 씨는 서무 담당'이라는 말만 툭 던지고 넘어가는 것이었다. '잡일 하느라고 매일 야근하는데, 저 직원이 담당하는 업무를 기억 못 하는 건가?' 하는 의구심이 들었다. 타사와의 저녁 미팅이 끝난 뒤 우리 회사 사람들끼리 2차를 갔다. 그 자리에서 마음속 깊은 곳부터 하고 싶었던 말을 했다.

"팀장님, 아랫사람 좀 제대로 대우해주세요. 지원업무인 영업관리도 중요해요. 팀장님은 이런 일 안 해보셨거나 해본 지 오래돼서 기억이 안 나실지 모르지만, 기본적으로 이런 일들이 잘돼야 영업이 사고 없이 더 잘되는 거예요. 담당 업무가 버젓이 있는데 서무 담당이라고 소개하는 것은 너무하지 않아요? 눈에 띄는 사람만 챙기지 말고 지원업무 하는 사람들도 인정해주란 말이에요!"

팀장은 어리둥절한 표정이었다. 그런데 내 말을 듣고 있던 그 직원이 갑자기 눈물을 흘리며 뛰쳐나갔다. '본인은 괜찮은데 내가 괜히 오지랖을 부렸나' 싶었지만 이미 엎질러진 물이었다. 늘 턱밑까지 차올랐지만 하지 못했던 말을 하고 나니 속이 후련했다.

집에 돌아와 잠을 자려는데 눈물을 흘리며 뛰쳐나갔던 직원에게 메시지가 왔다.

"대리님, 고마워요."

내용을 읽고 나는 쿨쿨 꿀잠을 잤다.

다음 날 팀에는 내 이야기의 뒷말과 소문이 퍼져나갔다. 이것 때문에 찍혀서 승진도 못 하고 앞으로 계속 불편한 생활을 해야 하는 건 아닐까 내심 걱정했다.

그러나 다행스럽게 승진도 했으며, 우려했던 일은 전혀 일어나지 않았다. 회식 때 이따금 팀장이 당시의 이야기를 꺼낼 때면 난감하기도 하지만, 그래도 '쫄보'에 어리고 직급이 낫다고 할 말 못 하던 예전의 나보다 지금의 내가 좋다. 그리고 무엇보다 아래 직원을 위해 큰 소리를 내줄 수 있는 상사가 되어가고 있다는 사실이 참 뿌듯했다. 그리고 이 작은 결심 한 가지는 실천으로 옮기고 있다는 점을 스스로 칭찬해주고 싶다. 그래, 이 과장, 잘하고 있어!

관련 에피소드

〔40화〕 **'부장님 이건 아니죠'**
회사에서 하고 싶은 말 제대로 하기

여자 부장이 골프 라운딩 운전기사를 자처한 이유

'롤마들' 김 부장

기업에서 부장 타이틀을 다는 여러 사람 중에 임원으로 승진하는 사람은 소수다. 특히 여성은 더더욱 적다. 숫자가 워낙 적으니 두터운 유리천장(glass ceiling)을 뚫고 그들은 어떻게 임원이 될 수 있었는지, 얘기 자체를 듣기 쉽지 않다.

〈언슬조〉 부장 특집 방송에 출연한 마 부장은 몇 년 전, 부장에서 임원으로 승진한 여성분을 가까이서 모신 적이 있다고 한다. 그러면서 '임원이 되어야겠다'고 마음먹은 부장이 그렇지 않은 부장들과 어떤 점이 다른지 이야기해주었다. 그 분은 임원이 되기 위해서 필요한 게 무엇인지를 파악하고 그

것들을 갖추려고 노력했다. 업무 능력, 리더십이 뛰어난 건 물론이었고 특히 인상 깊었던 것이 바로 로열티(loyalty), 즉 충성심이었다. 넓게는 회사에 대한 충성심, 좁게는 윗사람에 대한 충성심이다.

임원과 부장들이 골프 라운딩을 갈 때마다, 그분은 같이 가는 임원에게 차로 모시러 가겠다고 두 손 들고 이야기했다고 한다. 사실 그 임원은 다른 남자 부장들도 있는 마당에 굳이 여자 부장이 운전하는 차를 타고 싶어 하지 않았다. 그러리라는 걸 그분도 안다. 하지만 본인이 운전을 좋아해서 꼭 모시러 가겠다고 항상 먼저 제안했다고 한다. 그러다 보니 그 임원에게 '저 여자 부장은 언제나 나를 태우러 오겠다고 이야기하는 사람'으로 인식됐다고 한다. 인상 깊었던 건 그분이 말만 그렇게 하는 게 아니라 실제로 언제든 뛰어나갈 기세였다는 것이다.

골프는 보통 네 명이 친다. 임원 한 명, 남자 부장 둘, 그리고 본인. 보통 이렇게 가는데 임원이 굳이 태우러 오지 않아도 된다고 이야기할 때면 다른 남자 부장 둘을 태우러 갔다고 한다.

"같은 직급인데 굳이 왜 그렇게 하세요?"

마 부장(당시 마 차장)의 질문에 그분은 이렇게 귀띔해주었다.

"같은 직급 역시 나를 잘되게는 못 해도, 못 되게는 할 수 있거든."

평소에 그분은 골프 연습도 꾸준히 했는데, 왜 그런지 물으니 이렇게 대답했다고 한다.

"너 같으면 못 치는 사람하고 같이 치고 싶겠니?"

일을 똑 부러지게 하는 것은 물론, 본인이 모시는 임원에 대한 칭찬을 평소에 여기저기 하고 다니는 것도 잊지 않았던 그분은 마침내 임원이 됐다.

사실 조직에 대한 로열티를 증명한다는 것은 많은 여성에게 낯선 일이다. 나조차도 '그 정도까지 해야 하나'라는 자존심이 있었으니 말이다. 한국 대기업에선 많은 이들이, 특히 여성들이 승진을 하기 위해 '뛰어나게' 일을 잘하는 쪽을 택한다. 그렇지만 사다리의 끄트머리에 거의 다가갈 때쯤 한계에 부딪힌다. 눈에 보이지 않는 승진 채점표에서 충성심이라는 배점이 큰 영향력을 행사하기 때문이다.

조직에서 '똘똘이 스머프'는 갈아치울 수 있어도 충성심 있는 '돌쇠'는 그럴 수 없다는 이야기를 언젠가 들은 적이 있다. 로열티가 중요한 이유는 직급이 높은 사람일수록 자기편이 절실하기 때문이다. 다만 이것을 선택할 것인가 말 것인가는 자유다. 조직 내에서 어떤 포지션을 원하느냐에 달린 문제다. 나 자신을 지키고 선별적으로 타협할 수 있다면, 때로는 로열티를 영리하게 활용하는 방법도 필요하지 않을까.

관련 에피소드

〔64-1화〕 **여자 부장들은 어떻게 조직에서 살아남았나 (부장 특집: ft. 마 부장, 수 부장)**

90년대생과 꼰대가 직장에서 함께 살아가는 법

'대리끼리 대동단결' 문 대리

〈언슬조〉 48화에 출연한 90년생 진 사원을 인터뷰할 때였다. 또래 친구들과 "회사가 재미가 없어요"라는 말을 자주 한다는 그의 이야기를 듣고, 김 부장님과 이 과장님은 무척 신기해했다. '왜 회사에서 재미를 찾지?'라는 게 80년대 이전 출생자들 대부분의 생각이다. 누군가는 "재미있으려면 돈을 내고 다녀야지"라고 했다던데, 기존 세대에게 이제 막 회사라는 사회에 발붙인 90년대생들은 이처럼 이해하기 쉽지 않은 존재들이다.

내가 만난 한 90년대생 사원 한 명은 부당한 지시를 지속적으로 받았던 일에 매우 분개했다. 상사에게 정중하게 이의를 제기했는데 바뀔 기미가 없자, 이직을 준비하기 시작했다. 뛰어나고 성격 좋은 인재가 다른 회사를 알아보는 것이 마음이 아팠다. 이런저런 상담을 해주다가 "네가 어딘가로 이직하려면 원하는 일이 무엇인지 명확하게 그리는 것이 좋겠다"라는 이야기를 하면서 꿈꾸는 삶이 무엇인지 물었다. 그는 정의로운 삶이라고 똑 부러지게 답했다. 생각지 못한 답변에 놀랐다. 그 말을 듣고, 이 세상에 정의로운 회사는 없을 것 같다는 생각이 들었지만 말하지 않았다. 내 생각에는 없을 것 같아도 진짜 있을지도 모르니까 말이다.

'재미'와 '정의'를 중요한 가치로 추구하는 90년대생들이 기성세대들에게는 여러모로 낯선 존재다. 그러다 보니 이제 막 회사에 들어온 세대와 기존 조직에 익숙해진 사람들 사이에서 크고 작은 갈등이 생긴다. 그 원인 중 하나는 자신이 느낀 부당함을 향해 당당히 "잘못됐다!"라고 외치는 그들을 '불편'하게 바라보는 시선이라고 생각한다. 회사에서 갑자기 '프로불편러' 취급을 받고 있는 90년대생들, 과연 그들이 정말 프로불편러일까?

대부분의 90년대생은 이전 세대와 마찬가지로 주입식 교육을 받으면서 자라왔다. 분위기는 과거보다 민주적이고 합리적이었지만, 과정이 획일적이고 방식이 강압적이라는 사실은 여전했다. 그렇게 옳다고 여겨지는 길을 착실하게 따라왔는데, 취업을 하려고 하니 세상이 돌연 표정을 바꾼다. 느닷없이 개성을 뽐내라고 요구하는 게 아닌가. 그에 빠르게 발맞춰 스펙을 쌓고 자기 PR에 성공한 개인은 회사라는 조직에 들어서는 데 성공한다. 그런데 여기서부터 또 다른 문제가 시작된다. 그렇게 입사한 개인에게 조직은 갑자기 집단에 순응하기를 요구한다. 황당하지 않을까? 나만의 개성을 살리라고 했다가 조직에 순응하는 사람이 되라니 말이다.

나 역시 신입으로 입사했을 때 불평, 불만이 많았다. 당시 내가 느끼기에 회사는 너무나 비합리적인 곳이었다. 물론 나도 눈치는 있으니 높은 사람 앞에서는 말을 아꼈다. 최첨단 기기가 매일 쏟아지는 21세기에 왜 우리 부서는 복합기 하나 없어서 한 장 한 장 장인정신으로 스캔을 해야 하는지, 디자인 업체를 선정하는 데 어떻게 매번 최저가 업체를 선정하는지, 우리 회사 디자인은 왜 이렇게 주먹구구식으로 결정되는지 이해할 수 없는 것이 한둘이 아니었다.

이런 내 의견에 한 대리님은 불편한 기색이 역력했다. 아랑곳하지 않고 계속 불평하는 나를 보며 "그럼 문 사원이 한번 바꿔봐" 하고 어물쩍 넘어갔다. 당시 그는 나를 보며 '요즘 애들이란…' 하고 혀를 끌끌 찼을지도 모른다. 지금 우리가 90년대생에게 그러듯이 말이다. 물론 몇 년이 지나니 그분의 마음도 이해는 하게 됐다. 그런 것들을 바꾸기란 웬만한 용기와 노력 없이는 어려우니까. 몇십 년 묵은 관성은 그렇게 쉽게 깨질 수 있는 게 아니었다. 그래서 더는 불평하지 않았다. 나 역시 '기성세대'의 입구에 들어선 건지도 모른다. 그렇다고 문제 해결을 포기했다는 뜻은 아니다.

한편 독서 모임 자리에서 40대 초반인 한 참석자로부터 이런 얘기를 들었다. 요즘 20대가 부당한 일에 대해 부당하다고 항의를 하는 데에는 자신에게도 일정 부분 책임이 있다는 말이었다. 살아오면서 분명 불합리한 것들을 마주쳤을 텐데 자주 외면해왔고, 결국 자신의 세대에서 바꾸지 못한 문제들이 계속 쌓이고 쌓여 지금까지 이어진 것 아닌가 하는 반성이었다. 그래서 지금 새로운 세대가 반기를 드는 것 아닐까 한다고. 솔직히, 그 말에 약간 감동을 받았다. '이렇게 생각하는 어른도 있구나.'

미항공우주국(NASA)에서 일하는 흑인 여성들의 분투를 그린 영화 〈히든 피겨스〉에서 인상 깊게 본 장면이 있다. 중요한 업무로 모두가 바쁜 상황에서 흑인 여성인 캐서린 존슨이 화장실을 다녀오느라 잠시 자리를 비우는 일이 있었다. 존슨이 돌아오자 해리슨이라는 백인 상사는 화장실에 다녀오는 데 왜 그리 오래 걸리느냐며 화를 낸다. 이에 존슨이 말한다. "흑인 화장실까지 800m 거리라는 거 알고 계셨나요? 그 먼 거리를 볼 일 보러 걸어야 해요! 상상이 되세요?" 이 말을 듣고 해리슨은 화장실 문 위에 붙은 인종 구분 딱지를 부숴버린다.

흑인이라는 이유로, 여성이라는 이유로 무시를 당하며 차별을 받았던 존슨의 절규가 받아들여지는 순간이었다. 그 후 억눌렸던 존슨의 재능이 마음껏 발휘되면서 나사의 프로젝트는 성공리에 마무리된다. 실화를 바탕으로 한 이 영화의 이야기에서는 훌륭한 상사의 역할이 프로젝트의 성공에 큰 기여를 한 셈이다.

90년대생을 두고 사내에서 오가는 크고 작은 이야기도 이 영화와 비슷한 면이 있다고 생각한다. 부당함과 차별을 느끼는 사람이 목소리를 낼 때 들어주는 사람이 있어야 한다는 것. 그리고 90년대생들이 말하는 것은 결국 이거다. 모든 일을 정의롭고 합리적으로 하자는 것. 이런 그들의 목소리가 불편하다고 비난하는 것은 기존 세대가 프로불편러임을 증명하는 것인지도 모른다.

나의 신입 시절에도 그랬듯이, 90년대생을 비롯한 앞으로 올 모든 세대들이 끊임없이 기존 질서와 잡음을 낼 것이다. 하지만 귀를 기울인다면, 그 잡음을 조직의 새로운 동력으로 바꿀 수 있지 않을까. 열린 마음을 가진 기성세대들이 90년대생들과 힘을 합칠 때다.

관련 에피소드

[48화] **90년대생 신인류를 이해하기 위한 6가지 질문 (ft. 91년생 진 사원)**

꼰대의 변: 반항아였던 김 부장은 어쩌다 꼰대가 되었나

'롤마들' 김 부장

신입 사원 시절의 나는 윗사람에게 맞서는 게 두렵지 않았다. 이치나 상식에 맞지 않는 이야기를 하는 대리나 과장에게 조목조목 따지고 끊임없이 질문해대던 직원이었다. 임원에게도 예외는 아니었다. 지적이 억울할 땐 상사를 불러내서 이건 아니라고 이야기할 수 있었고, 여자라고 무시하는 이들에겐 무시하지 말라고 대차게 반항할 수 있었다.

하지만 지금의 나에게 "언니, 만약 그런 대찬 사람이 후배로 들어온다면 어떨 것 같아요?" 하고 누군가 묻는다면 "저런 싸가지 없는 아이가 있나" 하고 혼낼 것 같다고 대답한다.

물론 농담 삼아 웃으며 말하긴 하겠지만.

직장생활을 20년 가까이 한 지금, 내가 달라진 건 사실이다. 좋게 말하면 철이 들었다고 할까, 좀 나쁘게 얘기하면 세속적으로 됐다고 해야 할까. 당돌한 '요즘 것들'을 보면 나의 어린 시절과 별반 다르지 않다고, 오히려 당시의 내가 더 당돌했다고 자신할 수도 있는데, 세월이 지났어도 나는 여전히 불의와 싸우는 여전사처럼 살고 있다고 생각했는데, 그리고 난 정말 후배 직원들에게 쿨하다고 생각했는데…. 어느 날 갑자기 내 생각이 꼰대 같다고 느껴지고 그 사실을 절감할 때마다 기분이 결코 유쾌하지 않다.

생각이 유연하면 나한테도 도움이 된다고 생각했기에 유연해지고자 많이 노력하는 편이라고 철석같이 믿었다. 문제는 20대나 30대하고 얘기하다 보면 '나도 꼰대가 되어서 이런 얘기를 들으면 불편한 건가?' 하는 지점들이 점점 많아진다는 것이다.

최근 커리어에 관해 30대들과 이야기를 나눈 적이 있었다. 항상 '노력=성공'이라는 공식을 믿는 나는, 되는 일이 없다며 힘들어하는 후배가 안타까워 조언을 해주고 싶었다. 좀 더 긍정적인 마음을 갖고 노력해보라고 했다. "나도 여기까지 오기 위해 죽을 만큼 노력했어"라고 덧붙인 게 화근이었을까. 후배는 "죽을 만큼 노력해도 세상이 보상해주지 않는 경우도 있어요"라는 말로 답했다. 그들은 내가 '노력한 만큼 보상이 되돌아오는' 시대를 살았기 때문이라며 동의하지 않는 눈치였다. 맞다. 난 그들이 경험한 세상, 성장이 없는 시대를 겪지 않았다. 그런데도 나는 그들이 살 수 없었던 시대의 기준으로 이야기를 한다.

나도 모르게 튀어나오는 얘기들이 그 옛날 내가 그토록 듣기 싫어하던 잔소리와 닮았다는 걸 느낄 때마다 놀라곤 한다. 아래 세대에게 쿨하게 보이고 싶지만 세월이 주는 무게감이라는 건 어쩔 수 없다는 생각을 최근 들어 자주 하게 된다. 그리고 어느 순간, 이른바 '꼰대'라 불리는 사람들이 한편으론 이해가 가기 시작했다. 가끔은 연민도 든다. 심지어는 '나도 꼰대가 되어야 하나' 하는 씁쓸한 생각이 들 때도 있다.

요즘에는 일상이 되다시피 한 대형마트도 해외여행도 없

던 시절의 옛날 옛적 무용담을 늘어놓는 것만이 꼰대는 아니다. 권위가 전부라 믿으며 견고한 위계질서에 안주하는 사람들도 꼰대다. 그런데 오로지 할 줄 아는 것이라곤 아랫사람 갈아 넣는 것과 윗사람 비위 맞추는 것밖에 없던 사람이 차장 시절부터 팀장 보직을 받는 걸 보면서 여전히 위계질서와 군대 문화가 견고하다는 생각에 씁쓸할 때가 있다. 리더십의 도구로 권위밖에 쓸 줄 모르는 사람들이 더 높은 자리로 가고, 복종을 강요할수록 더 많이 복종하는 사람들이 여전히 대다수인 조직에서 '내가 꼰대가 되지 않고 견딜 수 있는가' 하는 생각이 드는 것이다.

꼰대는 시스템이 만든다. 나는 감히 변명하고 싶다. 90년대의 X세대를 누구나 기억할 것이다. 노란 머리를 하고 배꼽티와 힙합 바지를 입고 압구정을 누비던 세대, 꽉 막힌 시스템을 당장이라도 깨부술 것 같았던 '서태지와 아이들'의 가사를 내면화하며 젊음을 보낸 그 세대가 지금의 차장, 부장이다.

20여 년간의 조직생활은 내게 깎이고 타협하고 적당히 포기하는 법을 배우게 했다. 세월의 무게감에, 견고한 질서와 권위의 안락함에 저항하기 쉽지 않은 건 사실이다. 물론 나이가 들어도 부당함에 맞설 수 있는 '똘기'와 정의를 마음에 품고 살 수는 있다. 아니, 그러고 싶다. 하지만 가끔 우리 할아버지의 말씀이 떠오른다. 젊을 때는 가슴이 뜨거워야 하지만, 나이가 들면 머리가 차가워질 필요가 있다는.

어쩔 수 없이 꼰대가 되어가고 있는 것 같지만 최대한 유연해지려고 노력하며 '꼰대의 변'을 쓴다. 그리고 큰 조직에서 살아가는 용기 있는 이들이게 덧붙인다. 꼰대가 되고 싶지 않다면 마음 단단히 먹자고, 우리. 모르는 새 경직된 시스템에 길들어가는 내 유연함을 지키자고.

관련 에피소드

〔29화〕 **꼰대가 되어가는 X세대들을 위하여(김 부장편)**

계급장 떼고 '솔까말':
대리 vs 과장 vs 부장

Q 후배 직원분들에게 궁금한 게 있어요. 집에 일찍 가는 상사가 좋은지, 아니면 그냥 끝까지 남아주는 상사가 좋은지, 가끔씩 고민이 돼요. 사원들이나 대리들이 힘들게 일하는데, 내가 쏙 빠지는 게 맞는지 눈치가 보여요. 상사가 퇴근을 언제 하는 게 좋은가요?

- A 부장

문 대리 어떤 상사냐에 따라 다른 것 같아요. 예전에 제가 진짜 안 좋아하던 상사분이 있을 때는 제발 빨리 좀 갔으면 좋겠다고 생각했어요. 그 분이 일을 못하고 일을 안 해서요. 차라리 집에나 일찍 가주면, 나는 음악 크게 틀고 편하게 일할 텐데….

김 부장 그나마 나은 편이네요. 일을 못하는데 게으르다면. 제일 힘든 사람이 일도 못하면서 부지런한 사람이잖아요. 주위 사람을 가장 힘들게 하죠.

문 대리 근데 일을 잘하는 상사분일 때는 같이 있어주셨으면 해요. 한두 시간 같이 있으면서 내가 모르는 부분 질문했을 때 빨리 정리해주면 너무 좋죠. 그리고 그런 경우는 저한테만 일을 주는 게 아니라 본인도 조금 나눠서 해주잖아요.

이 과장 짐짝이면 일찍 가고, 도움을 주는 사람이라면 같이 남아주는 게 좋다.

문 대리 못 도와줄 거면 빨리 집에 갔으면 좋겠다.

김 부장 반성해야겠네요. 그래서 저는 웬만하면 일찍 사라져주려고 하는 편입니다.

Q 부하 직원 관리가 힘들어요. 소통하기가 힘듭니다. 일을 시키려 하면 늘 뾰로통한 표정이고, 의욕도 없어 보입니다. 말을 하라고 해도 안 해요. 뭔가 불만이 있는 것 같아 회의를 잡고 얘기를 해보려 해도, 직원들이 싫어하는 것 같고, 자꾸 눈치가 보입니다.

- S 과장

(위 내용은 익명의 사연을 각색했습니다. 사연을 보내주신 'S 과장' 님께 감사드립니다.)

문 대리 과장님이 직원들과 적극적으로 소통하려는 노력을 해보셨는지 궁금합니다. 예전에 그런 상사를 한 번 만난 적이 있어요. 그분도 직원들이 말을 안 듣는다고 생각했고, 불만이 있었던 것 같아요. 하지만 상사가 직원들에게 불만을 갖고 있다는 느낌을 받으면 저희 부하 직원들은 당연히 상사와 소통하기 싫을 수밖에 없어요. 저는 상사인 과장님께서 직원들을 불러다 앉혀놓고 커뮤니케이션을 해서 직원들이 어떤 사람인지 파악하고 지시를 해야 된다고 생각해요.

왜냐하면 상사가 부하 직원을 컨트롤할 수 있는 범위가 넓으니까요. 아래 직원이 위의 과장님을 컨트롤할 수 있는 방법은 훨씬 적죠. 더 영향력을 행사할 수 있고, 더 많은 걸 변화시킬 수 있는 힘을 가진 상사 쪽에서 더 적극적으로 나서야 한다고 생각해요.

이 과장 맞는 말씀이지만, 저는 P 과장님의 입장에 대해 좀 변론을 하고 싶어요. 사실 그 역량이라는 게 그 자리에 있다고 모두 자연스럽게 주어지는 게 아니거든요. 권한은 또 위에서 내려줘야 해요. 타이틀만 과장인 경우가 있어요. 책임만큼 권한이 주어지지 않으면, 사실 뭘 해보려고 해도 할 수 있는 게 별로 없어요.

중간관리자가 된 지 얼마 안 된 상황이라면, 이런 걸 생각할 겨를이 별로 없어요. 업무가 너무 많고, 사람까지 관리하는 게 생각보다 쉽지는 않더라고요. 중간관리자라면 힘이 있을 거라고 쉽게 생각하는 경우가 많은데, 꼭 그렇진 않아요.

문 대리 그렇다면 후배, 부하 직원 얘기라도 잘 들어주는 걸 시도해보셨으면 좋겠어요. 사실 제가 예전 상사분에게 화가 났던 건, 그분이 아랫사람 얘기를 하나도 안 들어줬거든요. 물론 "얘기 좀 해봐라"라고 하긴 했어요. 그래서 저희가 솔직하게 털어놨더니, 그게 나중에 뒷

담화로 돌아오는 거예요. 본인은 하나도 안 고치고. 그럼 누가 얘기를 하고 싶겠어요. 직원들은 불만은 있지만 말을 안 하게 되고, 뾰로통한 표정만 짓고 있게 돼요. 하나도 안 들어주면서 맨날 말해보라고 하니까.

이 사람이 내 이야기를 들어준다는 믿음만 줘도, 충분히 이해한다는 뜻만 표현해도 밑의 직원들은 솔직하게 얘기를 할 거예요.

이 과장 물론 잘 들어만 주는 걸로 충분하면 괜찮은데, 저 같은 경우는 고민이 돼요. 아랫사람들의 얘기를 들으면 그걸 위에 보고해서 결과적으로 개선이 되어야 내 역할을 충분히 했다는 생각이 드는 거예요. 그래서 계속 고민이 많아지는 거죠. 결과적으로 고쳐주질 못하니까.

저도 "너희들 힘들지?"라고 하면서 후배들 얘기를 많이 들어줬는데, 건의사항을 위로 올리면 번번이 까이는 거예요. 제가 있는 조직에선 '예스맨'만 좋아했던 거예요. 솔직한 제안을 하면 싫어하고. 그러니까 위에서 보기엔 내가 무능한 관리자가 되는 거죠. 조직마다 특수성이 있다고 해야 할까요.

근데 아랫사람이 보기에는 그게 또 답답해요. 속 터지죠. 반영이 돼야 말할 맛이 나잖아요. 근데 뭐 맨날 떠들어도, 무조건 안 된대. 그러면 그냥 입이 딱 닫히거든요.

문 대리 솔직하게 말하세요. '내가 이런저런 이유로 개선해주기는 어려울 것 같다. 하지만 나도 해결책을 찾아보겠다' 하고 말이죠. '과장님이 우리를 이해하는구나'라는 인상을 줘서 믿음의 관계를 형성하는 것이 중요해요. 하지만 만약 우리가 이렇게 얘기했는데, 과장님이 본인은 더 힘들다고 역으로 하소연을 하면 아랫사람들은 또 입을 다물게 되죠.

이 과장 결국, 누구한테나 좋은 사람은 될 수 없거든요. 윗사람한테 괜찮은 아랫사람이 될 것인가, 아니면 아랫사람한테 괜찮은 윗사람이 될 것인가에서 하나만 확실히 정해야 할 것 같아요. 일관성이 있으면 돼요, 두 마리 토끼를 다 잡을 순 없어요.

문 대리 좋은 사람이 되는 걸 포기하라고 말씀드리고 싶어요. 일이 잘되는 방향으로 하는 게 먼저지, 내가 이 일을 줬을 때 직원들이 싫어하는 걸 일일이 생각하면 일이 안 되잖아요. 팀원들도 일하려고 회사에 오지 일 안 하려고 오는 건 아니거든요. 일 처리 방향만 확실하면 팀원들도 힘들지 않아요.

Q 2년 전인가요? 문유석 판사가 칼럼에서 '전국의 부장님'에게 전하는 얘기를 한 적이 있잖아요. 제발 점심시간에 젊은 직원들에게 밥 먹자는 얘기 하지 말라고. 그래서 저는 약속을 되게 많이 잡는 편이에요. 직원들이 싫어할 것 같아서요. 부장이 밥 먹자고 했을 때 어떤지 궁금합니다.

- C 부장

문 대리 사실 밥을 먹으러 가서가 중요한 것 같아요. 자기 할 말만 끊임없이 하는 분이 있어요. "나 때는 말이야"로 시작하는 자기 자랑만 늘어놓죠. 했던 얘기 또 하고, 또 하고. 아래 직원에게는 관심도 없어요. 그리고 다른 케이스는 일 얘기만 하는 건데요. 사실 일 얘기가 계속되면 식사 자리가 편하지 않아요. 너는 이걸 해야 하고, 저걸 해야 하고, 이런 얘길 하면요. 그런데 또 일로 만난 사람이기 때문에 할 수 있는 게 일 얘기밖에 없는 것도 사실이잖아요. 그런 부분이 아쉽달까?

이 과장 저는 차라리 일 얘기가 더 나아요. 왜냐하면 할 말이 없으니까요. "주말에 뭐 했니?", "남자친구는 있어?" 이런 얘기는 더 싫어요. 차라리 일 얘기를 하는 게 더 나을 때도 있어요.

문 대리 아, 맞아요. 하지만 좀 다른 이야기도 많잖아요. 동종 업계의 어떤 데서는 어떤 일도 있었다더라, 다른 데서는 이런 시도를 해보더라 하는. 그런 종류의 얘기는 좋은데 굳이 업무 시간에도 할 수 있는 얘기를 하는 거, 그게 싫은 거예요.

김 부장 그러면 상사가 밥 먹자고 하는 게 언제나 싫은 건 아니네요?

문 대리 **이 과장** 네.

문 대리 좋은 상사도 있으니까요. 그런 분들이랑은 밥을 같이 먹고 싶어요. 얼굴 보기 힘든 상사들이 있어요. 그런 분들과 어쩌다 밥을 먹게 되면 내가 하고 싶은 얘기를 할 수 있죠. 그런 상사분들은 잘 들어주세요. "그러면 내가 이런 걸 해주면 좋을까?"라고 반응하시고요. 결국에는 경청인 거죠.
근데 상사가 "이건 아니야" 이러면서 단칼에 잘라버리고 그러면 솔직히 대화하기 싫어요. '안 들어줄 거면서 왜 얘기하자는 거야?'라는 생각이 들죠.

박 PD 갑자기 궁금한 게, 부장님은 그러면 어떨 때 후배랑 밥을 먹고 싶으세요?

김 부장 나? 그냥, 약속 없는 날. (일동 웃음)

이 과장 사실 저는 상사와 밥 먹는 게 그렇게 싫진 않아요. 근데 꼭 본인 점심 약속이 깨졌을 때 팀원들한테 "점심에 약속 있나? 없나?" 하면서 갑자기 먹자고 하는 건 달갑지 않아요. 나도 미리 잡아두는 약속이 있잖아요. 근데 자기 약속 깨지고 나면 꼭 우리를 찾고 자기 먹고 싶은 걸 먹는단 말이야. 그게 싫은 거지. 미리 이야기하고 가끔 함께하는 건 괜찮은데….

문 대리 저는 상사분들이 정치를 어느 정도 해야 한다고 생각하는데, 타 부서와 교류하거나 윗사람과 소통해서 저희 부서 사람들과 타 부서 사람들 사이를 매끄럽게 이어주는 역할을 해야 한다고 생각해요. 다른 부서랑 어차피 교류를 해야 하잖아요? 그런 역할을 리더인 부장님이 해줬으면 해요.
그런데 부장님이 타 부서나 임원들과 안 친하니까 결국에는 자기 부서에 있는 사람들과 밥을 먹는 경우가 많아지는 거예요. 되도록이면 우리 부장님이 다른 부서의 사람들과 점심을 함께하면서 친하게 지내줬으면 하는 거죠. 저의 생각이 부장님들께 도움이 됐으면 좋겠습니다.

언니들의
슬기로운 조직생활

언니들의 슬기로운 조직생활

3장

나만의 포지셔닝이 필요해

'몰마들' 김 부장

TV에 나오는 아이돌 그룹의 멤버를 하나하나 뜯어보면 다 똑같은 역할을 하는 게 아니다. 누구는 노래, 누구는 춤, 누구는 예능에서 자신의 매력을 뽐내곤 한다. "○○를 맡고 있는 ○○입니다"라고 자신을 소개하듯이 말이다. 여러 사람이 모이는 회사도 크게 다르지 않다. 내부에서 자기만의 역할이 만들어지기 마련이다.

어느 날 외국에서 중요한 손님이 와서 미팅을 하게 됐는데, CEO가 미팅 참여자를 한 명씩 소개하다가 "She is our brain(이 사람은 저희 회사의 브레인입니다)"이라고 나를 소개했다. 순간 머쓱하기도 했지만 브레인이라는 말이 기분 나쁠 이유도 없었기에 그냥 속으로 웃어넘겼다. '원래 브레인 역할을 하고 있는데 그러면 더 브레인이 되어야 하는 거야?'라고.

애널리스트 출신이라는 경력 덕에 우리 회사와 관련 있는 업종의 금융시장 현황, 그리고 국내외 경쟁사 분석을 주로 했다. 그래서인지 우리 부서의 임원뿐 아니라 내가 관여하고 있는 크고 작은 프로젝트의 담당 임원, 심지어 그다지 관련이 없는 임원도 내가 지적인 참모 역할을 해주기를 바랄 때가 간혹 있다. 그래서 각 부서의 임원을 만날 때 그분이 담당하는 업무 분야나 관심 분야를 잘 기억해두곤 했다. 리서치 업무를 하다가 관련 보고서를 발견하면 소개해드리기 위해서다.

한번은 관심 있는 책을 뒤적이다가 아직 번역이 되지 않은 괜찮은 논문을 발견했다. '○○부서의 상무님이 이 분야를 담당하시던데…'라는 생각이 들어 논문을 살짝 요약해서 보고를 했다. 굉장히 좋아하셨다. 최근엔 새로운 기술이 산업의 판도를 바꾸는 일이 빈번하게 일어나고 있기 때문에 회사의 방향을 정하는 의사결정자들은 최근 정보에 항상 촉각을 세우고 있어야 한다. 하지만 정보는 기하급수적으로 쏟아져 나오고, 고위급 임원들은 무엇보다 시간이 없는 사람들이다. 모든 정보를 일일이 뒤지고 있을 여유가 없다. 그래서 사소하더라도 최근에 읽은 책이나 논문에서 임원의 업무 분야와 관련 있는 정보나 중요한 내용을 요약해드리면, 그분들의 시간을 절약해주는 데다 중요한 결정을 하는 데 최신 정보를 놓치지 않게끔 도울 수 있다. 즉, 그들의 가려운 데를 긁어주는 셈이 된다.

같은 부서가 아니거나 특별히 친하지 않은 임원은 같이 작업할 일이 있을 때 편하게 소통하기 어렵다. 그런데 나는 책이나 논문, 보고서 요약 같은 작은 기회를 통해서 임원분과 쉽게 안면을 트고, 이런저런 이야기도 나눌 수 있다. 내 공부도 하면서 아주 조금만 더 시간을 투자하면 되는 일로 회사 내에서 다른 사람들은 갖지 못한 나만의 강점을 갖게 되는 셈이다. 그렇게 나만의 확고한 위치를 갖는 것, 적어도 하나의 역할에서는 대체 불가한 사람이 되는 것, 즉 적절한 포지셔닝이 회사생활을 하는 데 무척 도움이 된다.

한번은 굉장히 트렌디하고 민감한 이슈를 다루는 TF팀에 참여해서 회사의 프로젝트를 진행했는데, 회사 내외에서 그 프로젝트와 관련한 질문이 나오기만 하면 내게 연락이 오는 것이었다. 프로젝트에 대한 이해도가 높은 사람 중에 커뮤니케이션하기 좋은 직급이 나였던 모양이다. "그 프로젝트의 관점에서는 이 업무를 어떻게 처리해야 하겠느냐", "그 프로젝트가 우리 업무에 어떤 영향을 주겠느냐" 등 모든 사람이 그 프로젝트와 관련해서는 나를 떠올린다는 사실을 곧 알게 됐다. '그 프로젝트? 김 부장에게 물어봐!'라는 포스터가 회사 곳곳에 붙어 있는 게 아닌가 하는 의심이 갈 정도로!

○○의 대명사. ○○ 하면 딱 김 부장을 떠 올린다는 것. 그게 기분 나쁘지가 않았다. 분명히 귀찮은 면은 있는데, 일종의 '왕관의 무게'라고 생각한다. 확고한 포지션을 갖는 일에는 부담과 책임감도 적잖이 따르는 법이니까.

회사에서 '일 잘하는 사람'이 대체 불가한 사람이 될 거라고 생각하기 쉽다. 물론 '일잘러'의 포지션은 아이돌 그룹으로 치면 일종의 센터라고 할 수 있다. 하지만 회사에는 센터만 필요한 게 아니다. 단순하게 일 잘하는 사람은 많을 수 있지만, '맛집'을 잘 찾는다거나 어디서든 분위기를 잘 띄운다거나 동종 업계의 현황을 알려준다거나 상사의 비위를 잘 맞춘다거나 등 일 실력과는 직접적인 관계가 없는 포지셔닝이 훨씬 더 중요한 상황도 얼마든지 있다.

직장인이라면 누구나 회사에서 어떻게 포지셔닝할 것인지 고민해볼 필요가 있다. 당신은 일을 꼼꼼하게 해내는 데서는 뒤처지지만 사람을 상대하거나 커뮤니케이션을 하는 데 뛰어난 사람일 수 있다. 프레젠테이션은 잘 못하지만 남들이 하기 싫어하는 취합이나 정리는 잘하는 사람일 수 있다. 팀 안에서 모든 사람이 똑같은 일을 잘할 필요는 없다. 내게 딱 맞는 역할, 나만이 할 수 있는 역할을 찾으면 된다. 때로는 실력으로 때로는 실력 이외의 것으로.

관련 에피소드

[32화] **회사에서 내 위치 확고하게 만들기: 포지셔닝**

일 잘한다는 것의 의미:
'회식요정'도 '일잘러'일까?

'프로이직러' 이 과장

일을 잘하면 당연히 일 잘 한다는 소리를 들을 줄 알았다. 빨리빨리 성실하게 그리고 열심히. 흔히 신입들이 생각하는 일잘러의 조건대로 말이다. 하지만 똑 떨어지는 정답만 맞히면 높은 점수를 받을 수 있었던 학창 시절과 달리 누가 어떤 기준의 채점표를 들고 있는지 통 모를 곳이 바로 회사라는 조직이었다.

나의 상사 유 과장은 회사의 판사 같은 사람이었다. 이를테면 '97.2퍼센트'를 '97퍼센트'로 표현하는 걸 못 견디는 사람이었다. 내가 소수점 뒷자리를 빠뜨릴 때마다 아주 중요한 일을 실수한 것처럼 혼을 냈다. 이것만이 아니었다. 폰트와 자간은 물론이고 줄맞춤과 띄어쓰기에 마무리로 구두점까지. 그는 나를 마치 대여섯 살짜리 어린아이 대하듯, '빨간펜 선생님'으로 빙의하여 모든 것을 지적하고 고쳤다. 대부분은 보고서의 대세에 영향을 미치지 않는 것들이었다. 정작 보고서 내용에 대한 피드백은 보이지 않았다. 그는 꼼꼼하게 하라며 앙칼진 목소리로 꾸짖었고 기본이 가장 중요하다는 말도 덧붙였다. 사소한 실수들에 목매는 유 과장을 좀처럼 이해하기 힘들었고, 답답했다.

'이럴 거면 본인이 직접 하든가'라는 말을 늘 하고 싶었다. 나는 'Alt+Shift'를 누르며 줄 간격을 맞추는 데 시간을 허비하기보다는 정해진 시간 안에 내용을 효율적으로 전달하는 것이 중요한 사람이었다. 큰 그림을 주로 보기 때문에 간과하게 되는 오차들이 종종 생겼다. 집요하리만큼 꼼꼼한 그와 함께 일하는 동안 고개를 숙이고 꾸지람을 듣는 횟수가 늘어만 갔다. 난 계속해서 쪼그라들었다. 이렇게 유 과장 밑에서 나는 '일 못하는 사람'이 되어 있었다.

하지만 나를 책망하기만 했던 유 과장과는 달리 좋게 보는 상사도 있었다. 정기 인사평가 시즌이었다. 임원에게 보완점에 대한 피드백을 요청했다. 약한 부분을 채워 내년에는 더 나은 성과를 받아 승진하고 싶었다. 그는 말했다.

"이 대리는 꼼꼼함이 부족해."

나는 또 작아졌다. 역시 더 꼼꼼해져야 하나. 그러나 갑자기 반전이 이어졌다.

"큰 그림을 시간 내에 완수하는 능력은 이 대리가 좋은 것 같아."

그는 이런 능력은 직급이 높아질수록 중요해진다며 날 독려했다. 오랜만에 듣는 칭찬이었다. 그리고 잘하는 부분을 부각해서 빨리 승진한 후 꼼꼼한 아랫사람을 뽑으라고 조언했다. 이 이야기를 듣고 비로소 꼼꼼하지 못하다는 콤플렉스에서 벗어났고, 내가 잘하는 것에 더 집중할 수 있었다.

여러 상사와 동료들을 만나며 나의 평판도 여러 번 변했다. 지금은 비교적 조용한 나의 업무 스타일이 영업 조직에 맞지 않는다는 이야기를 가끔 듣는다. 그러나 예전에는 한 고객사에서 같이 일하자는 제안을 받기도 했다. 묵묵히 일을 처리하는 모습이 마음에 든 것이었다. 이렇듯 단지 자신과 맞는 사람과 맞지 않는 사람이 있을 뿐이다. 그래서 단편적인 상황을 겪으며 부족하다고 낙담하기보다는 긴 호흡으로 업무 역량을 키우는 것이 중요하다. 1, 2년만 일하고 때려치울 게 아니니 말이다.

그리고 뛰어난 업무 능력을 갖추지 않아도 조직에서 인정받는 또 다른 일잘러가 될 수 있다. 예전 동료 중에 '회식요정'이 있었다. 최 대리는 사무실에선 업무를 설렁설렁하는 것처럼 보였다. 가끔 거래처 자료를 달라고 찾아가면 주인 없는 의자만 덩그러니 있곤 했다.

그는 회식 때마다 다들 피하는 이사님 옆에 편하게 앉았다. 건배사로 "리스펙! 이사님"을 외치고는 천연덕스럽게 콜라와 맥주와 소주를 화려한 퍼포먼스와 함께 섞었고, 그 '친친주'를 한 잔씩 돌리면서 흥을 돋우었다. 마치 빽빽하게 굴러가고 있는 커다란 바퀴에 살살 기름칠을 하는 느낌으로 말이다. 이것만이 아니었다. 가끔 있는 회사 행사의 팀별 장기자랑에선 코믹한 음주가무를 선보여 팀 회식비를 벌어 오기도 했다. 그 덕에 팀 분위기가 살아난 건 말할 것도 없다.

그리고 팀원들을 알뜰살뜰 챙겼다. 하루는 신입 사원의 입사 1주년을 축하한다며 커피와 간식거리를 양손 가득 들고 출근했다. 이런 최 대리를 팀원들은 좋아했고, 난 이 모습을 보며 '아, 그래. 저것도 재능이고, 능력이다'라고 생각했다. 팀원들에게는 '꼰대 전담마크'에 '대신 망가져주기'를 주저하지 않는 그가 구세주나 다름없었다. 어찌 보면 일종의 희생양이었지만. 이렇게 최 대리는 팀의 마스코트 역할을 톡톡히 해내며 팀에서 필요한 사람이 되었다. 일을 잘하지 않는다는 사실은 그의 회사생활에 큰 영향을 끼치지 않았다.

사실 우리가 회사를 그만둘 것인가 말 것인가에 가장 큰 영향을 끼치는 것은 일이나 돈보다도 사람이다. 최 대리는 같이 지내기 좋은 사람이었다. 일을 잘하는 것이 언제나 1순위이고 이것이 조직에서 인정받는 가장 좋은 방법이라고 굳게 믿었던 나에게 신선한 시각을 안겨준 사람이다. 우리는 잘 알지 않는가? 다들 꺼리는 것들을 나서서 해줄 사람이 우리나라 조직에선 꼭 필요하다는 사실을. 입사한 지 1년쯤 되면, 일 잘하는 사람들이 그다지 많지 않아 보이는 조직인데도 평화롭게 굴러간다는 신기한 경험을 하지 않는가. 그것은

'일을 잘하는 것처럼 보이는 것'과 실제로 조직이 필요로 하는 것을 채워주는 건 다르기 때문이다.

언제, 어디에서나 찰떡같이 들어맞는 '일 잘한다'의 기준은 없다. 나와 비슷한 능력을 가진 사람들 사이에서 살아남기 위해서는 통속적인 '일잘'의 기준에 맞추려 애쓰기보다 내가 잘할 수 있는 부분을 찾아내 살리는 것이 더 낫다. 회사에서 일을 잘한다는 건 여러 가지 의미를 갖고 있다. 빠르고 성실하고 흠잡을 데 없이 일을 잘하는 사람을 일잘러라고 하지만, 진짜 일잘러는 조직에서 나만의 역할을 찾고 잘 살아남은 사람이 아닐까. '함께 일하고 싶은 사람'이 조직이 원하는 진정한 일잘러다.

관련 에피소드

〔26화〕 **미치도록 듣고 싶은 그 말, '일 잘하네' 2부: 이것만 잘해도 기본은 간다!**

술 못하는 사람이 회사에서 살아남는 법

'프로이직러' 이 과장

콸콸콸 맥주잔에 소주를 한가득 따랐다. 설마설마 했는데 원샷으로 털어 넣은 남자 과장이 "여자는 힘드니깐, 반 잔만 마셔"라며 배려해주었다. 나도 벌컥벌컥 마셨다. 회사의 술자리에서 빼는 것은 예의가 아니라고 생각해 깔끔하게 비웠다. 그러길 몇 번 반복한 뒤 거나하게 취해 모두 노래방으로 갔다. 이것이 나의 입사 기념 첫 회식이었다.

일을 잘해도 술을 잘 마시지 못하면 조직에서 나의 가치가 하락하는 게 내가 몸담고 있는 업계의 현주소다. 술자리는 업무의 연장 같은 분위기에다 상하 관계까지 여전하다.

그래서 즐거워야 할 술자리가 어렵고 복잡한 자리가 되고 만다. 오죽하면 "회사에서 엑셀은 누구나 잘 돌려. 그런데 술은 누구나 잘 마시는 게 아니잖아. 술 잘 먹는 게 일 잘하는 거야"라는 말이 있을까. 술은 자고로 좋은 사람들과 편하고 기분 좋게 마셔야 하는데 말이다. 게다가 나는 술자리를 빌미로 '아무말 잔치'를 벌이는 분위기도 유쾌하지 않다. 지금이 어느 시대인데 아직까지 남아 있는 인위적인 건배사도 그렇고.

술자리는 잦아졌다. 분위기가 좋아서 한잔, 위에서 깨져서 한잔 그리고 집에 바로 들어가기 허전하다며 한잔. 이유는 많았고, 몸은 서서히 지쳐갔다. 내가 술을 마시는 것인지 술이 나를 마시는 것인지 알 수 없었다. 술로 인해 그다음 날이 걱정되고 출근하는 것만으로도 벅찬 날들이 늘어만 갔다. 다행스럽게도, 시간이 지나자 모든 술자리에서 나를 혹사해 가며 마실 필요가 없다는 것을 알게 됐다. 주는 잔을 다 마실 필요 없이 요령껏 하면 되는 것이었다. 말은 쉽지, 요령껏. 이것을 체득하기까지 5년 이상의 시간이 걸렸다는 것이 함정이다. 물론 술을 덜 마시는 회사로 이직한 것도 한 가지 방법이긴 했다.

어쨌든, 내가 사용하는 방법은 1년에 한 번 정도 정해놓고 거나하게 취하는 것이다. 살짝 바꿔 말하면 '찐하게 취해준다'라는 마음가짐으로 술자리에 임하는 것이다.

그럼 내가 거나하게 마시는 때가 언제냐고? 높은 사람이 많이 오는 자리다. 윗사람들은 모른다. 내가 안 보이는 곳에서 '새빠지게' 일한다는 걸. 사실 나에 대해 관심조차 없다. 회사의 술자리는 업무의 연장이이라고 하니 그걸 역이용하는 거다. 그래서 본격적인 술자리에 앞서 나는 오늘 술로 '열일'할 각오가 되어 있다는 것을 보여준다. 숙취에 좋은 약의 효능을 운운하며 "러시아에서 건너온 이 약이 좋대요"라는 멘트도 한다. 윗분들한테 돌리고 남는 약이 있으면 팀원들에게 나눠주며 팀워크도 다진다.

술자리가 본격적으로 시작되면 의식이 흐려지기 전에 가장 윗사람에게 다가가 술을 권한다. 다들 멀리하는 윗사람에게 상대적으로 친근한 인상을 남길 수 있고, 윗분이 먼저 나에게 권할 때보다 한잔이라도 덜 마실 수 있다. 자리를 많이 움직이며 술을 먼저 권하면 많이 마시지 않아도 많이 마시는 것처럼 보이게 하는 효과가 있다. 여기에 덧붙여, 어색함이 흐르는 술자리에서는 술 이야기를 더 한다. 회사 술자리에서 쉽게 마실 수 없는 나의 시그니처 위스키인 아드벡 같은 술 이야기를 하고, 많은 사람이 선호하는 조니워커에 관해서도 주절주절 떠든다. 이러면 어색한 분위기도 누그러지고, 동시에 나는 굉장히 술을 즐기는 자가 되어 있다.

이런 식으로 최종 자리까지 남는다. 자리에 끝까지 남아 있는 것도 술 잘 마시는 사람으로 비치게 한다. 그리고 진짜 마무리는 다음 날 정말 아무렇지도 않다는 듯이 평소처럼 출근하는 것이다. 거나하게 마시고 그다음 날 출근을 못 하거나 지각을 하면, 몸을 불살라가며 마신 간밤의 술자리는 허망하게도 무의미한 것이 되고 만다. 역시 마무리가 가장 중요하다.

이렇게 처음부터 끝까지 술자리에 임하는 나의 노력에 사람들은 애정 어린 눈빛을 보내준다. '애쓴다, 애써!' 하는 눈빛 말이다. 삶이라는 것이 가끔은 그럴 때가 있지 않은가. 결과보다는 최선을 다한 그 과정에 의미를 두는. 조직생활에서 나의 술자리 생존 방법도 과정이 아름다운 경우에 해당한다. 이러면 평소에 살짝살짝 빼며 적게 마셔도 술이 나의 조직생활을 힘들게 하진 않는다.

하지만 꼭 이렇게까지 해야만 하나 자괴감이 드는 것도 사실이다. 동시에 이런 과정에서 알게 된 것들도 있다. 때로 남자는 술만 잘 마셔도 일 잘하는 사람이 되지만, 여자는 술만 잘 마셔서는 일 잘한다는 소리를 절대 들을 수 없다는 것. 반대로 말하면 남자는 일을 잘해도 술을 못 마시는 것이 흠이 될 수도 있지만, 여자는 최소한 흠까지는 되지 않는다는 것이다. 단지 술을 잘 마시면 약간의 플러스가 된다. 그렇기에 술 자체로 고민하기보다는 일을 잘하는 것이 먼저다.

정말 나의 경우처럼 술을 못 마시면 본인의 업무 능력이 하향평가되는 업계가 아니라면 과감히 포기하는 것도 방법이다. 몸 망가지고 마음 상해봐야 회사는 알아주지 않으니깐. 그리고 술을 마시고 실수를 하면 남자들에게 적용되는 잣대보다 더욱 강한 기준이 따라오기 때문에 술자리에서 더욱 조심해야 한다. 결론은 술에 취해도 정신은 말짱한 양립 불가능한 상태를 유지하는 신공을 발휘해야 한다는 것이다.

끝으로 이 글에 공감하는 사람이 적었으면 좋겠다. 그것이 회사의 술자리 문화가 변화하고 있다는 반증이 될 테니깐.

관련 에피소드

〔27화〕 **회사에서 술 못 마셔도 괜찮아**

“이거, 저 팀에서 한 건데요?”

‘대리끼리 대동단결’ 문 대리

“그건 그 팀에서 챙겼어야죠. 저희 팀이 어떻게 다 챙겨요.”
“저희 팀은 그 팀에서 받은 대로 했을 뿐입니다.”
“우리 팀원이 못 챙겼나 봐요. ○○ 씨, 이거 왜 이렇게 된 거야!”

공사가 거의 끝난 시점이었다. 공사 완료 2주 앞두고 상부에서 지시가 내려왔다. 프론트 데스크의 가구 높이가 너무 높으니 수정하라는 내용이었다. 왜 가구 높이가 그렇게 되었는지 책임 여부를 따지고 서로 헐뜯기 시작했다. 책임자를 찾기 위해 설계팀, 공사팀, 공사업체까지 다 모인 자리에서 대질심문 끝에 설계 담당자가 승인한 것으로 결론이 났다. 마침 그 가구 채택 건 승인을 받을 때 공사 담당자는 휴가로 자리를 비웠고, 공사 담당자를 대신해서 설계 담당자가 호의(?)로 승인을 내준 것이 화근이 되었다.

그 사건이 있은 후 대리들은 씁쓸함을 감추지 못했다. 아무도 설계 담당자의 잘못이라고 비난할 수 없었다. 우리도 언제든 같은 처지에 놓일 수 있다는 걸 알고 있었기 때문이다. 부서 간에 서로 돕는다고 열심히 한 일이 되레 설계 담당자를 며칠 동안 패닉 상태로 만들어버렸다.

물론 처음부터 설계를 잘못한 것도 있겠지만 공사팀이 확인을 안 한 것도 직무유기가 아닐까. 결재 과정에서 과장, 팀장은 왜 도장을 찍었을까. 팀장은 담당자를 감싸기는커녕 비난하기 바빴는데, 대외적으로 팀장이 팀원을 탓하는 모습은 마치 누워서 침 뱉기 같아 보였다.

이렇게 사사건건 책임을 묻다 보니 다들 주도적으로 일하려 하지 않았고, 어느새 다른 사람이 나서서 결정해주길 기다리는 분위기가 되었다. 어떤 대리는 행여 책임을 추궁당할까 봐 자신이 보고하고 지시받은 내용을 매일 빠짐없이 기록하는 치밀함을 보였다. 그러다 보니 팀 전체적으로 일 처리는 더뎌지기 시작했다. 사무실에 앉아서 일을 한다는 것 자체가 살얼음판과 같았다. 결정적인 건, 일도 담당자가 제일 많이 하는데 책임까지 담당자가 모두 뒤집어쓰는 걸 우리가 함께 목격했다는 사실이다. 책임자 한 사람을 찾아내 모든 책임을 지우고 나머지가 그 책임으로부터 무사히 도피한 결과는, 일을 많이 하면 욕을 많이 먹는다는 씁쓸한 명제를 모두가 암묵적으로 학습한 것뿐이었다.

짧게라도 회사생활을 해본 사람이라면 이런 상황을 한번쯤 겪어봤을 것이다. 나 역시 위에서 말한 경우처럼 큰 문제로 번진 상황은 없었지만, 책임의 소재를 두고 자주 고민했었다. 특히 다른 부서에서 만든 내용이 우리 부서의 검토 및 취합을 거쳐 최종 보고로 올라가는 경우에는 책임의 경계가 흐릿할 수밖에 없기 때문이다.

거듭 반복되는 비슷한 일들을 지켜본 결과, 아무리 앞 부서에서 실수를 했다고 하더라도, 그 부분을 다음 부서에서 바로잡는 게 맞다. 만약 앞 부서의 실수를 다음 부서 사람들이 몰랐다면, 그건 일을 제대로 하지 않은 것이다. 게다가 다른 부서 탓을 하면 그 부서에서도 언젠가 그 사실을 알게 될 것이고, 나중에 내가 잘못을 했을 때 날 저격할 가능성이 크다. 그야말로 적을 늘리는 것이다. 때로 누군가의 실수를 덮어주는 일은 그 사람과의 관계를 공고히 한다는 점에서 멀리 봤을 때 더 나은 전략이 되기도 한다.

사람들은 회사를 '조직'이라고 부른다. 서로가 유기적으로 연결되어 있다는 의미다. 조직에서 남 탓을 하는 것은 견고히 짜인 니트의 한 올을 뜯어내는 것과 같다. 한 올이 풀리면 연결된 다른 올들도 같이 풀리게 된다. 하지만 큰 조직에 몸담고 있다 보면 부분만 눈에 보이기 때문에 니트 한 올쯤은 없어도 눈에 띄지 않을 거라 생각하고 잡아 뜯으려 한다. 여럿이 모인 조직에선 개인이 각자 살아남으려고 할 때가 아니라 같은 방향으로 가려고 할 때 일이 효과적으로 진행된다는, 초등학생도 아는 사실을 가끔 잊고 산다. 제발 조직에서 남 탓은 그만하자.

관련 에피소드

[75화] [언슬조×MBC]
밀레니얼과 꼰대가 직장에서 함께 살아가는 법

왜 좋은 어른들은 조직을 떠나게 될까?

'프로이직러' 이 과장

"너희 넷 다 합친 것보다 박 팀장이 더 소중해. 박 팀장한테 흠집 나게 하지 마."

여느 날처럼 출근해서 아침 업무를 정신없이 하고 있는데 임원의 방으로 들어오라는 호출을 받았다. 그리고 앉자마자 이런 이야기를 듣고는 어안이 벙벙했다. 이해할 수 없는 소리가 이어졌다.

"너희가 하는 일들은 누구나 다 해. 언제든 다른 사람들하고 바꿀 수 있지. 그런데 너희 박 팀장은 달라. 너희 네 명 모두와 박 팀장 중 하나를 선택하라고 하면 난 너희 팀장을 선택하겠어."

이렇게 우리 팀장은 윗사람에게 누구와도 맞바꿀 수 없는 존재였다. 아침부터 왜 이런 말을 들어야 하는지 아무도 몰랐지만 방에 들어간 사람들 모두 한 가지는 정확히 알고 있었다. 당신이 최고라 여기는 그가 우리에게는 최악의 상사라는 것을.

팀원들이 야근을 밥 먹듯이 하고 업무 스트레스에 병원을 오가는 것도 한계치에 다다르자 인력 충원을 요청했다. 그는 왜 그것도 못 하냐며 요청을 무시했다. 팀원들의 노고는 인정해주지 않았다. 팀원들이 뼈를 갈아 넣은 결과물을 오로지 자신의 공으로 돌리기에 바빴다. 임원과의 회식 자리에서 우리가 팀장의 업무 능력을 칭찬하는 동안 다른 이의 기여에 대해 한마디도 하지 않는 그의 모습은 이해할 수 없을 정도로 당당했다. 무엇보다 견디기 힘들었던 건 그가 차석자를 견제하며 한 행동들이었다. 차석자는 조 과장이었는데, 리더십 있고 일 잘하는 사람으로 알려져 있었다. 팀원들은 팀장인 그를 제외하고 조 과장을 주축으로 회포를 풀기 위해 자주 모였고, 사람 좋은 조 과장을 더 따르고 의지

했다.

그것이 문제의 발단이었다. 낌새를 눈치챈 박 팀장은 중요한 일에서 조 과장을 배제하기 시작했다. 이를테면 개개인에게 메시지로 업무 지시를 하면서, "조 과장이 차석자 역할을 제대로 못 해서 걱정이야"라며 팀원들에게 험담에 동참하길 권하는 식이었다. 배제된 조 과장에게 팀원들이 업무를 공유하려고 하면 그는 기를 쓰고 가로막았다. 그렇게 조 과장을 희생양 삼아 팀워크를 무너뜨렸다.

조 과장은 하루에도 몇 번씩 내 뒤에서 한숨을 내쉬었다. 조그마한 얼굴은 하루가 다르게 수척해졌고, 사람들은 그를 보며 무슨 일 있느냐고 물었다. 무덤덤하게 괜찮다고 대답하던 그는 결국 사표를 냈다.

그가 떠난 이후, 왜 그토록 승진에 의미를 두었을까 자문하는 시간이 늘어갔다. 한때는 원하는 직급과 함께 인정과 성취의 기쁨을 만끽하던 날들도 있었다. 하지만 얼마 지나지 않아 회사에서 더 위로 올라가는 것이 인생에 큰 의미와 행복을 주진 않으리라는 생각이 머릿속을 가득 채우게 되었다. 위아래로 치이는 삶과 끝이 보이지 않는 노예 생활의 고단함도 또 다른 이유였다. 버티고 버텨 위로 올라가 저들처럼 되는 것은 내가 원하는 바가 아니었다. 턱밑까지 내려온 다크서클과 끼니 때마다 배부를 만큼 약을 챙겨 먹는 그들의 하루. 같이 밥 먹을 사람조차 없어 억지로 팀원들에게 밥을 먹자고 청하는 그들. 타고 올라간 사다리를 걷어차며 밥그릇을 뺏기지 않기 위해 서로에게 으르렁거리는 그들.

모두 내가 원하는 모습과는 거리가 멀었다. 그렇지만 이런 사람들이 조직에서 승승장구한다. 그래서 매년 인사 시즌이 되면 슬퍼진다. 내가 좋아하는 어른들은 밀려나거나 조직을 떠나니 말이다. 이번 인사도 예외는 아니었다. "하고 싶은 거 다 해봐요, 내가 책임질 테니"라고 말했던 윗분은 또 밀려났다. 자신보다 밑에 사람이 먼저였고, 조직이 잘되는 방향을 최우선으로 삼았다. 아랫사람을 더 이끌어주고 더 배려했다. 하지만 조직은 이렇게 좋은 사람을 리더로 선택하지 않는다. 나에게는 누구보다 품격 있고 같이하고 싶은 리더인데 말이다.

안타깝게도, 이런 현실에 익숙해지면 인간의 품격과 존엄은 아랑곳하지 않고 사다리를 타고 올라가는 것만이 조직에서 살아남는 유일한 방법처럼 여겨진다.

'모두 행복하고 사이좋게 살았습니다'라는 식의 결말은 어린이들의 동화책에서만 볼 수 있다. 내가 두 발을 디디고 서 있는 회사라는 조직은 어른들의 동화다. 이곳에선 서로의 등에 스스럼없이 칼을 꽂으며, 오직 살아남은 자들만이 행복을 누릴 자격을 얻는다. 그래서 우리의 품격과 존엄성은 사치가 되어 다들 하나도 행복하지 않은 조직에서 살아남기 위해 아등바등한다. 그러면서 한없이 무거운 '먹고사니즘'의 무게를 구실로 내민다.

'착한 사람은 사회에서 살아남기 힘들다'라는 명제를 뒤집기 위해 할 수 있는 것들이 있을까. 퇴사를 꿈꾸고 사이드 프로젝트를 하고 조금 더 창조적인 일을 찾아 떠나는 사람들이 내게는 이런 불편한 명제를 뒤집기 위해 몸부림을 치는 것으로 보인다. 회사에 모든 걸 의존하지 않고, 조금씩이나마 나의 정체성과 윤리성을 지켜나가는 것. 이것이 어른들의 잔혹한 동화를 조금 더 아름답게 만드는 일이다.

우리의 품격과 존엄성이 무너지는 건 힘든 일과 회사 자체 때문이 아니다. 전혀 닮고 싶지 않은 그들의 모습을 나에게서 발견할 때다. 나의 미래에 그들의 모습이 투영될 때다.

아마 다들 비슷하리라고 본다. 당신의 존엄성과 품격은 안녕하신지.

관련 에피소드

〔86화〕〔언살롱〕 사내정치 심층탐구

나는 커피와 점심으로 정치한다

'롤마들' 김 부장

"누나, 원래 회사가 작은 정치판이야. 그걸 몰랐던 건 아니잖아?"

오랜만에 점심을 함께하게 된 후배가 말했다. 그 후배는 한 대기업에서 뛰어난 일 처리 능력을 인정받아 대리, 과장까지 고속 승진을 했다. 다만 그 후배가 어려워하던 것이 있었으니, 바로 타협이었다. 불합리를 못 견디는 후배는 높은 사람들이 있는 곳에서도 상사나 동료를 비판하는 이야기를 거침없이 하곤 했다. 많은 동료가 "핵사이다, 핵사이다"라며 찬사를 보냈지만, 정작 차장 · 부장으로 승진하는 데에는 전혀 도움이 되지 않았던 모양이다. 결국 경로를 바꾸어 이직했으니 말이다. 이른바 '입바른 말의 전문가'로 악명이 높았던 탓에 그를 눈엣가시로 여기는 수많은 적군이 생겨났고, 그걸 감당하지 못했다고 한다. 결국 '핵사이다'가 '사내 또라이'로 전락하는 건 한순간이었다며, 그는 '뼈 때리는' 한마디를 남겼다.

"누나, 대기업에서 성공하려면 오늘 한 말을 내일은 전혀 모르는 것처럼 행동해야 해. 정치판이랑 똑같아. 정치가들이 그러잖아. 어제까지는 뭐 하자고 해놓고 날 바뀌니 자긴 그런 얘기 한 적 없다 그러고."

그런 일련의 이야기를 듣자 회사 내에서 솔직함을 드러내는 것에 대해 회의감이 들었다. 사내정치는 필요악일까? 나도 예전엔 '일 잘한다'라는 것의 정의가 맡은 일을 똑똑하게 처리하는 것이라는 순진한 생각을 했다. 물론 실무가 주 업무인 과장 직급까지는 일 잘하는 사람들이 승진한다. 윗사람 눈에도 사원이나 대리 때까지는 업무에 열중하는 게 성실해 보이고, 일찍부터 '정치질'을 하는 직원들은 좋게 보지 않는다. 하지만 차장이나 부장 정도 되면 일 잘하는 것 외에 신경 써야 하는 게 있기 마련이다.

여전히 사내정치에 대해 '예'와 '아니요' 사이에서 갈팡질팡하고 있지만, 대기업 부장이라는 직함을 갖고 사내정치를 하지 않는다는 건 거추장스럽다며 갑옷을 벗어 던지고 전쟁터를 돌아다니는 것과 마찬가지다. 누가, 언제 칼을 들이댈지 모르는 세계에서 최소한의 무기와 방패는 들고 있어야 한다. 게다가 부장 직급에서 나의 평판은 내 부서의 평판에까지 영향을 미치게 되므로 나 몰라라 할 수 없었다. 결국 소극적이나마 나만의 정치를 시작하기로 마음먹었다. 그런데 술자리, 골프는 애초에 내가 잘할 수 있는 영역이 아니었다. 술을 잘 못하는 나는 점심시간과 커피 타임을 활용하여 관계의 끈을 넓혀갔다.

한번은 두 본부의 협업을 도운 일이 있다. 두 본부는 서로 사이가 좋지 않은 편이었고, 갈등이 빈번하여 같이 하는 일의 진행이 더뎠다. 당시 나는 점심을 먹거나 커피를 마시자는 핑계로 두 본부의 사람들을 만나 이야기를 들었다. 본부 간의 역학관계나 히스토리를 들으며 서로의 이해관계를 최

대한 충족할 방법을 찾아나갔다. 발이 부르틀 정도로 양 본부를 왔다갔다한 끝에 한쪽은 실리를, 한쪽은 명분을 챙길 수 있게 도와 일이 잘 진행되게 했다. 그 덕분에 양쪽에서 인정을 받았고 나 또한 든든한 지원군을 얻은 셈이 됐다. 이런 것을 점심 정치(lunch politics)나 커피 정치(coffee politics)라고 부를 수 있지 않을까.

기본적으로 회사 안에서는 업무 처리 과정에서 생기는 잡음은 물론이고 그 외에도 수많은 갈등이 존재하기 마련이다. 높은 직급일수록 실무보다는 아래와 위의 커뮤니케이션 그리고 부서 간의 수평적인 관계를 조율하는 일에서 많은 책임이 생기게 된다. 그리고 높은 직급일수록 일의 규모가 커지기 때문에 혼자서는 할 수 없는 일이 많다. 그 때문에 정글 같은 큰 조직 안에서는 홀로 버티기가 힘들다. 든든한 지지대가 되어줄 수 있는 조력자와 동료들이 필요하다. 건전한 방식으로 '내 편'을 구성하는 일, 나는 그것이 사내정치의 핵심이라고 생각했다.

사내정치는 필요하다. 다만 편 가르기와 다툼이 아니라 이해와 조정과 타협을 가져오는 건강한 정치가 필요하다. 이는 조직에서 일 잘하는 상급자가 되기 위해 결코 놓쳐서는 안 되는 또 하나의 스킬이다.

관련 에피소드

[18화] **내로남불 사내정치, 해, 말아?**

네트워킹은 되는데 사내정치는 왜 안 돼?

'대리끼리 대동단결' 문 대리

《논어》에서는 정치를 '바르게 다스리는 일'이라고 정의한다. 하지만 대부분 사람의 머릿속에서 정치라는 단어는 부정적인 이미지가 강하다. 사내정치 역시 보통 좋은 의미로 쓰이지 않는다. 그런 나쁜 이미지 때문이었을까. 나 또한 사내정치라는 것에 거리감을 느끼고 멀리했다. 더군다나 기술직이라 전문성으로 승부하면 되리라는 막연한 기대감도 있었다.

회사에 들어온 이후 늘 변화를 갈망했다. 지금의 시스템이 분명 최선은 아닐 거라고 항상 생각했다. 초년병 시절에는 아는 것도, 어찌해볼 방법도 없으니 변화를 일으키기엔 역부족이었다. 그런데 8년 차인 지금도 변화를 일으키지 못하고 정체되어 있는 스스로에게 화가 날 때가 있다. 이제는 방법도 방향도 어느 정도 알고 있지만, 회사라는 조직에서 내가 너무 작은 부품이라는 생각이 든다. 그래서 어디서부터 손을 대야 효과적으로 변화할지 고민이 될 때가 많다.

그러던 중 《생각의 미래》라는 책을 읽게 됐다. 시스템에 관해서 과학적으로 접근한 책인데, "회사라는 큰 조직은 서로 의존하며 상호작용을 하는데, 부분은 관계를 통해서 전체 시스템에 영향을 끼칠 수 있는 힘을 얻는다"라는 구절이 있었다. 그 내용을 보고 대기업 시스템을 움직이는 것과 같은 원리라고 생각했다. 연결이 많을수록 영향력이 커진다. 그 책에서는 성공하는 관리자가 그렇지 못한 관리자보다 네 배 더 많은 시간을 네트워킹에 쓴다고 했다. 결국 대기업은 사람을 움직여야 원하는 것을 얻을 수 있는 곳이다. 사내정치라는 단어 말고 네트워킹 또는 인맥이라고 생각하면 거부감이 좀 적어지지 않을까.

주어진 예산이 부족한 프로젝트의 상황을 해결하기 위해

마감재를 교체해야 하는 일이 있었다. A안과 B안 두 가지가 제시됐는데, 나를 비롯한 실무자는 A안이 적합하다고 의견을 모았다. 유지보수 문제와 장기적인 예산을 따졌을 때 현실적으로 가장 합리적인 안이었다. 하지만 상사가 요구하는 이상적인 기준을 충족시킬 수는 없었다. 반대에 부딪힐 것이 뻔했다. 그래서 회의에 들어가기 전에 함께 회의에 들어가는 타 부서의 과장님에게 먼저 상황을 설명하고 A안에 힘을 실어달라고 설득했다. 그리고 그 회의에 참석하는 또 다른 부서의 대리님에게 미리 메일로 자료를 주고 의견을 구했다. 백지장도 맞들면 낫다고 의견을 나누면서 A안의 장점을 설득할 수 있는 아이디어도 더 얻었다.

그렇게 참석자들의 여론을 형성한 뒤에 회의에 들어갔다. 회의에서 타 부서의 과장님과 대리님이 각각의 논리로 A안이 적합하다고 입을 모았다. 그런 분위기가 형성되자 상사도 쉽사리 반대하지 못했다. 내가 직접 나서서 상사를 설득하거나 부딪히지 않았지만 자연스럽게 A안이 채택됐다.

물론 난 내향적인 편이고, 사람들을 두루두루 만나가며 먼저 살갑게 굴지도 못하는 사람이다. 하지만 일을 잘하려면 친분이 필요하다는 것을 많이 느낀다. 한 회사를 오래 다니다 보니 자연스럽게 많은 사람을 알게 됐다. 특별히 시간을 내어 애쓰지는 않는다. 다만 나에게 우호적인 사람들과 점심 한번, 술 한잔, 차 한잔 마실 시간을 내 대화를 한다. 꼭 친분을 쌓기 위해서라기보다는 내가 좋아하는 사람들과 좋은 시간을 보내려고 할 따름이다(안 좋아하는 사람은 필사적으로 피해 다닌다). 그러면 나중에 돌고 돌아 그들을 볼 일이 생기고, 도와줄 일 또는 도움받을 일이 생긴다.

세상에는 '돌아이'도 많지만 좋은 사람들이 더 많다. 좋은 사람과 친분도 쌓고 그 덕에 일도 더 수월해진다면 일석이조가 아닐까. 자기 일을 더 매끄럽게 잘 해내고 싶다면, 중간관리자가 될 예정이라면, 규모가 큰 회사에서 더 높은 곳으로 가길 원한다면 '네트워킹은 필수, 술자리는 선택'이 아닐까?

관련 에피소드

〔86화〕〔언살롱〕 사내정치 심층탐구

너무 안 맞는 사람과 함께 일하는 법

'프로백수' 박 PD

나는 지지리도 타협을 못 하는 사람이다. 그래서 나에게 인간관계란 그 자체로 하나의 커다란 숙제였다. 나는 꽤 오랜 기간을 두고 학습해서 상대방에게 맞춰 가곤 하는데, 그중에는 서로 주고받은 상처가 무색할 정도로 유쾌한 경험도 있다.

여섯 명이 2년간 꾸역꾸역 꾸려온 〈언슬조〉도 의견 차이로 생기는 크고 작은 잡음을 피해 갈 수는 없었다. 그중 나를 힘들게 했던 것은 때때로 사적인 스케줄을 공유하는 것과 꼭 참석하지 않아도 될 모든 미팅 자리에 불려나가는 것이었다.

하루는 내일 잡지 에디터와의 저녁 약속이 잡혔다는 얘길 들었다. 업무 파트너와 미팅이 있은 지 며칠 지나지 않아서였다. 그 자리에 나오라고 하는 김 부장 언니에게 드디어 한마디 했다.

"내일은 쉬고 싶어요. 미팅에 매번 나가기가 힘들어요."

언니는 말했다.

"그래, 쉬어."

꾹꾹 참다가 어렵게 지른 것치고는 너무 쉽게 허락을 받았다. 이제 나도 싫은 건 하지 않겠다. 꼭 나가지 않아도 되는데 왜 매번 부를까. 스트레스를 받고 있던 내가 김 부장 언니를 이해하게 된 건 또 다른 미팅이 잡혔을 때였다.

"언니는 매번 미팅에 참석했으니 이번엔 힘들면 굳이 나오지 않아도 돼요."

배려하느라고 한 내 말에 언니는 전혀 예상 못 했던 답을 했다.

"난 제발 불러줘. 중심이 되는 게 좋거든."

누군가와의 갈등이 풀리는 건 때론 한순간이다. 나뿐만 아니라 모든 멤버를 외부 미팅 때마다 꼬박꼬박 불러냈던 건 김 부장 언니가 꼰대여서도, 눈치를 주고 싶어서도, 날 훈련시키고 싶어서도 아니었다. '안 부르면 섭섭해할까 봐' 그랬던 것이다. 그제야 고구마 백 개를 먹은 듯 답답하던 속이 확 풀렸다.

"언니, 저는 웬만하면 안 나가고 싶어요. 네, 저는 안 나가는 걸 좋아해요."

진작 터놓고 내 마음을 표현할 걸. 미팅에 부를 때마다 가기 싫은 마음을 꾹꾹 누르며 혼자 스트레스를 받았다니.

그때부터 우린 서로를 조금 더 이해하게 됐다. 언니가 멤버들을 매번 불러내는 건 자신이 모든 미팅에 나가는 걸 좋아하기 때문이다. 나의 사적인 스케줄에 관심을 갖는 것도 자신이 사적인 스케줄을 터놓고 공유하는 걸 좋아하기 때문이다.

어렸을 때 본 동화에서 여우는 두루미를 초대해 멋진 접시에 음식을 담아 대접했다. 부리가 긴 두루미는 음식을 먹을 수 없었다. 나중에 두루미도 여우를 초대했는데, 호리병에 음식을 담아 내놓았다. 여우가 입맛만 다시는 사이 두루미는 우아하고 맛있게 식사를 했다. 다른 사람을 이해하는데 서툰 우리는 두루미를 대접하는 여우 또는 여우를 대접하는 두루미와 비슷하다. 동화책에서는 여우의 심술이 발단이었지만, 현실에서 누군가가 나에게 호리병에 담긴 음식을 내놓는 건 나를 미워해서가 아니다. 내게 잘해주고 싶기 때문이다. 그는 남들이 자신에게 그렇게 해주는 걸 좋아하기 때문이다.

나는 제발 날 방해하지 않고 내버려 뒀으면 좋겠는데, 또 다른 동료는 휴대폰에 불이 날 정도로 다정하게 업무 상황을 체크한다. '잘 되어가니? 난 어디까지 했는데 넌 어때?' 나는 내가 누군가에게 업무 지시를 할 때도 지나칠 정도로 관심을 끊는 편이다. 체크도 관심도 최소화한다. 그런데 어느 날 나의 동료가 관심을 바란다는 걸 안 순간, 그동안 나에게 보내왔던 끊임없는 메시지가 괴롭힘이 아니라 선물이었다는 걸 알게 됐다. 그녀는 묻고, 챙기고, 귀찮게 할수록 좋아했다.

사람들은 남들이 자신에게 해줬으면 하는 바로 그것을 다른 사람에게 하곤 한다. 두루미에게 호리병을, 여우에게 접시를 내어주는 법을 배우고 나서야 갈등을 넘어서는 법을 조금씩 알게 됐다. 일도 소통도 조금은 더 원활해졌다.

어디를 가나 조직에서는 너무 안 맞는 사람들과 마주치게 된다. 불필요한 건 제발 대충 넘어가 줬으면 좋겠는데 무식할 정도로 꼼꼼하게 붙들고 있는 동료 대리, 나는 제발 관심을 끊어줬으면 좋겠는데 부담스러울 정도로 관심 갖고 챙기는 팀장…. 세상엔 나와 정말로 '다른' 사람들이 존재한다! 그리고 그들이 잔뜩 포진해 있는 곳이 조직이다. 어쩌면 오늘도 당신을 괴롭히는 건 못된 놈의 악의가 아니라 착한 사람의 서투름일 가능성이 크다.

타협을 지지리도 못 하는 나는 오늘도 인간관계라는 숙제를 풀어가는 연습을 한다. 그저 잘 맞는 사람하고만 일하고 싶다는 건 게으른 거다. 물론 누군가를 이해하는 건 끝도 없이 밀려드는 업무를 처리하는 것만큼이나 에너지가 많이 드는 일이다. 하지만 조금 덜 괴롭히고 덜 실수하고 덜 어리석어질 수 있다면야, 다른 이의 우주를 알아가는 즐거움에 비하면 자존심을 잠시 접어두는 데서 오는 상처는 견딜 만한 것 아닌가.

관련 에피소드

(26화) **타인은 지옥이다? 너무 안 맞는 사람과 함께 일하는 법**

무능한 상사에 대처하는 우리들의 자세

Q 저는 한 공기업에 다니고 있습니다. 차장님과 저 그리고 팀 막내 직원, 이렇게 셋이서 프로젝트를 같이하고 있습니다. 저와 막내 직원은 차장님의 업무 방식 때문에 많이 힘든데 주요 특징은 다음과 같습니다.

1. 효율적인 것도 비효율적으로. 보고서를 써서 드리면 처음에는 빨간 펜 일단 긋고요. 고치고 또 고치고, 기본으로 버전 15까지 갖고 있습니다. 그리고 딱 고칠 부분만 말해주면 되는데, 회의실에서 기본 3시간입니다.
2. 내 머리에는 강력한 지우개가 있어. 지적받고 수정해 다시 가져가면 그것에 대해 묻습니다. 예를 들면, 음영을 파란색으로 넣으라고 해서

넣었더니 "이거 왜 음영이 파란색이야?"라고 묻는 거예요.

3. 너를 혼낸다, 꼭 후배들 앞에서. 꼭 다른 직원들 앞에서 혼을 냅니다. 그러고 나서는 "내가 후배들 옆에 두고 혼낸 건 후배들도 보고 배우라고 그런 거야"라는, 말도 안 되는 이유로 합리화를 합니다.
4. 내 시간은 황금, 부하 직원 시간은 똥. 팀장님이 오후 세 시에 우리끼리 간단히 회의하자고 했어요. 그래서 저는 회의 관련 내용을 미리 파악하고 회의실에 먼저 가 있었죠. 그런데 안 오는 거예요. 30분이 지나도 연락이 안 되는 거예요. 그래놓고 "미안하다" 이 한마디로 끝내요. 이런 일이 비일비재합니다.

어찌 됐든 계속 같이 일은 해야 해서 이제는 업무 방식에 대해 논의를 해볼까 싶은데 어떻게 해야 관계를 덜 악화시키면서 뜻을 제대로 전달할 수 있을지 고민입니다.

- 유즈 님

(사연을 보내주신 '유즈' 님께 감사드립니다.)

박 PD 마지막 말이 핵심입니다. 어떻게 얘기를 전해야 관계를 덜 악화시킬 수 있을지.

문 대리 저는 방법이 있다고 생각해요. 첫 번째와 두 번째, '비효율적인 코멘트'와 '내 머릿속의 지우개'에 대처하는 방법입니다. 본인이 코멘트한 걸 싹 다 알려드릴 수 있게 준비를 하고 있어야 해요. 그래서 본인이 말한 걸 다시 지적하면, "차장님이 그렇게 하라고 하셨습니다" 라고 알려드리는 거죠.

이 과장 그래서 저는 상사가 한 말, 통화, 메신저 등을 몇 분 몇 초까지 기록을 해두곤 해요. 회의록을 펼쳐두고 메신저를 캡처해서 '몇 월 몇 시에 이렇게 말씀하셨다'라고 얘기하는 거죠. 굉장히 냉정해 보이지만 어느 정도는 효과가 있어요.

김 부장 상사인 제 입장에서 보자면, 부하 직원이 "차장님, 저번엔 이렇게 말씀하셨는데요" 이런 식으로 말하면 얄밉다고 느낄 수도 있어요.

문 대리 아니, 얄밉지만 이건 그 상사가 진짜 잘못하는 거예요. 일을 대충 하고 있다는 거거든요. 부하 직원에게 긴장감이 전혀 없고 함부로 해도 된다고 생각하고 있어요. 딱 안정적인 직장의 옛날 분들 같아요.

박 PD 그럼, 회의 시간에 자꾸 늦는 건 어떻게 대처하면 좋을까요?

문 대리 저라면 "30분 뒤에 회의입니다", "10분 뒤에 회의입니다"라고 미리 알려드릴 것 같아요. 그래도 안 지키면 그냥 5분 정도 기다리다 해산해버리세요. 진짜로요. 나중에 "어? 왜 안 왔어?"라고 하거든 "회의 시간 됐는데 안 오셔서 또 까먹고 안 오신 줄 알았어요" 이런 식으로 가야 해요. 오래 기다려주고 배려하는 건 업무상으로도 너무 비효율적인 거예요.

김 부장 역시 문 대리는 대리 입장이니까. 하지만 전 아무래도 상사 입장이다 보니 좀 다르게 봐요. 윗사람들 중에는 시간 개념 없이 그냥 "오늘 몇 시에 잡아" 이런 사람이 대부분이라고 보시면 돼요. 그런데 그 사람들한테는 또 나름의 이유가 있기는 있어요.

문 대리 바빠, 바빠.

김 부장 그렇죠. 그 사람들의 윗선에서도 계속 부르고 하니까. 상사 입장에서는 아랫사람들이 본인이 했던 얘기라고 지적을 하든, 회의 시간에 늦는다고 항의를 하든 이렇게 반응할 가능성이 있어요. "야, 내가 그런 것까지 어떻게 다 신경 쓰냐?" 하고.

그래서 팩트를 가지고 이야기를 해야 해요. '자꾸 그렇게 여러 번 고치시면 일 진행이 어렵다. 남들 앞에서 혼내는 것도 불편해서 업무 진행이 안 된다. 회의 시간에 자꾸 늦으셔서 지난번 업무 처리에서 굉장히 곤란했다.' 이렇게요. 이런 얘긴 충분히 통할 수 있다고 생각해요.

문 대리 팩트가 있어야 하는군요.

박 PD 맞아요. 업무적으로 어떤 게 틀어졌는지를 밝히는 거죠. 실은 저도 얼마 전에 딱 이런 사람 밑에서 작업했거든요. 머릿속 지우개에다 회의 30분 늦는 건 기본. 총체적 무능이었어요.

덧붙이자면 저는 이런 사람들한테 항의할 때 조금 부드러운 방법을 써요. 일단 뭐라도 장점을 찾아서 칭찬을 한번 하는 거죠. 그다음에 도와달라는 뉘앙스로 부탁하듯이 얘기합니다. "당신 잘못했어요"가 아니라 "도움이 필요하니 이런 점 좀 신경 써주세요"라고 얘기하는 거죠. 그럼 상대방을 깎아내리지 않으면서 원하는 바를 얘기할 수 있어요.

김 부장 그거 괜찮겠네. 야, 직장 다니는 우리보다 낫네. (일동 웃음) 그러니까 칭찬을 해준 다음에 도움을 요청하는 식으로 하란 말이죠? 좋은 방법이네요.

문 대리 카네기의 인간관계론 같네요. 거기에 이렇게 부드럽게 돌려 말하는 스킬들이 많이 나오는데, 실제로 적용하기는 쉽지 않더라고요. (일동 웃음)

박 PD 참, 저희 청취자분들 중에서도 이런 상사에 대처하는 방법에 조언을 주신 분들이 있죠?

김 부장 네. 먼저 '연우아범' 님이 주신 조언이에요. "만약 부서 이동이 자유롭지 않은 회사라면, 상사와 척을 지는 방법은 추천하지 않습니다. 그 사람의 심기를 건드리지 말고 돌려 말하는 방법을 연구해보세요." 무엇보다 절대로 싸우지 말라고 하네요. 그리고 여기, 좋은 말씀을 남겨주셨어요. "전투에서는 이겨도 전쟁에서는 질 수 있습니다."

문 대리 큰 그림이 필요하다는 말씀이시죠?

김 부장 그렇죠. 한 번 한 번은 이길 수 있는데 결과적으로는 손해를 볼 수 있거든요. 보통 상사는 아랫사람을 잘되게 해주기는 어려워도 못

되게 하기는 쉽다고 생각해요. 진급시키지는 못해도 끌어내릴 수는 있다는 이야기죠. 연우아범 님은 회사가 어떤 조직인지, 상사가 어떤 스타일인지를 잘 파악해서 우회적으로 대처하길 권해주셨어요. 그리고 또 다른 청취자분이 조언을 주셨죠?

이 과장 네, '워크홀릭' 님이 주신 조언인데요. "끊임없이 빨간 펜으로 고치는 건 부하들은 나보다 무조건 일을 못한다는 전제가 있어서입니다. 긴 회의 시간을 갖는 건 내가 일을 열심히 하고 있다는 메시지를 조직 내에 꾸준히 보여주기 위함이고요. 그리고 부하를 그런 식으로 혼내는 것은 감정이 앞선 경우이지 업무상 피드백을 하는 게 아닙니다. 사실 이런 무능한 사람은 바뀌지 않습니다. 다만 걱정되는 것은, 부하 직원들이 이런 사람들의 구태를 자기도 모르게 배운다는 거죠."

문 대리 가장 나쁜 지점인 것 같아요.

이 과장 "그래서 사실 부서 이동이 답이지만, 만약 이 상사와 계속 일해야 한다면 온건한 방법으로는 먹히지 않습니다. 다소 세게 나가야 하는데요. 동료를 모아 집단으로 연판장을 돌리든, 임원 독대를 하든, 상사의 잘못된 행동에 반기를 드는 거죠. 조직이 상사를 택할 것인가, 우리를 택할 것인가라고 '돌직구'를 던지는 겁니다. 이때 조직은 입장을 바꿔서 '집에 갈 퇴물을 선택할 것인가, 아니면 진짜 새롭게 떠오르는 새 일꾼을 선택할 것인가'라는 냉정한 판단을 하겠죠"라고 조언을 주셨습니다.

김 부장 집단 항명. 개인적으로는 상당히 합리적인 방법이라고 생각하는데, 다만 기업의 분위기를 보고 조심해서 시도해야 해요. 지인이 일했던 곳에서 상사를 대상으로 집단 항명을 했는데 윗선에서 묻었다고 들었어요. 왜냐하면 꼭대기에 있는 사람들은, 밑의 사람들이 위의 사람을 쫓아내는 상황 자체를 두려워하거든요. 그 사람들 입장에선 항명을 한번 받아들이면 이후에 조직이 통제가 안 된다고 생각해요. 그래서 옳지 않은 걸 알면서도 그냥 넘어가는 경우가 대부분이에요. 오히려 집단 항명을 주도한 사람들이 의도치 않게 쫓겨나는 경우가 많다고 들었습니다. 그러니 회사의 분위기를 봐가면서 조심해서 시도하는 게 좋다고 생각합니다.

이 과장 그렇군요. 그리고 워크홀릭 님이 두 번째 솔루션을 주셨는데요. "법적으로 상사가 잘못된 행동을 할 때를 노리고 있다가 대놓고 싸우는 겁니다. 결재 서류를 집어 던지거나 심한 언어폭력 같은 '갑질' 행위가 생길 때 말이죠. 그 지점을 잡고 싸우면, 그다음부터는 부하 직원을 무시해선 안 되는 존재로 보기 시작합니다.

안정적인 직장에 다니시는 분들은 이 직장보다 더 좋은 직장은 없다는 전제하에 회사의 권위에 많이 눌리는데, 그러다 보니 상황을 악용하는 나쁜 상사들이 많습니다. 하지만 조금 더 과감하게 행동하시길 바랍니다. 좋은 직장은 더 있다, 최악의 경우 이직을 하거나 창업을 할 수도 있다는 생각으로요. 그러면 입지가 점점 넓어질 수 있습니다. 현 직장 내에서 소극적인 대처만 고민하지 마시고 20, 30년 남은 사회생활 넓고 길게 생각해보는 기회도 가지셨으면 좋겠습니다."

문 대리 아하. 연우아범 님과 대치되는 솔루션을 주셨네요. 양쪽의 조언을 잘 참고해보시길 바랍니다. '대판 싸우기'는 저도 옛날에 한번 해봤는데요. 감정에 휩쓸려서 싸우다가 나중에 제가 꼬리를 내리고 "죄송합니다"로 끝나서 아쉬웠을 뿐이지, 한번 지르면 그때부터 상사가 조심하기 시작하는 건 사실이에요. 한두 번 세게 나가서 강한 사람이라는 이미지를 심어두면, 상사가 함부로 대하지 않아요. 눈치를 보면서 일을 주기 시작해요.

이 과장 맞아요. 호구한테는 계속 더 해요. 그런데 얘가 밟으면 소리를 낸다, 꿈틀하고?

문 대리 '조심해야 하는 애'로 포지셔닝을 하는 거죠. 그러면 회사생활이 조금 더 편해지고요. 나를 함부로 대하는 사람한테는 함부로 대하는 게 맞다고 생각해요. 받은 대로 돌려줘야죠..

이 과장 저는 예전의 상사가 해준 말이 기억납니다. 쫄지 말고 너희 하고 싶은 일 다 해라. 왜냐하면 저 사람들은 나갈 날이 멀지 않았고, 일할 날이 얼마 안 남았으니까. 너희는 앞으로 일할 날이 많이 남았으니 너희 방식대로 밀고 나가라고 말씀해주셨어요.

문 대리 그건 너무 낭만적이고 이상적인 말인데요? 너무 좋잖아요.

이 과장 그런데 전 그런 생각을 못 했거든요. 제가 쫄보 성향이 있어서 그런지 몰라도 무조건 맞춰야 한다고 생각했어요. 그런데 그 말을 듣고는 '아, 내가 그 생각에 되게 갇혀 있었구나'라는 걸 깨달았어요.

그때부터 내 목소리를 조금 키워도 된다는 생각을 했어요. 쫄보가 갑자기 반항아가 되진 않겠지만, 내 목소리를 내는 건 연습을 해야겠구나.

김 부장 그래요, 반항아는 되지 못해도 우리 쫄보는 되지 맙시다. 밟으면 꿈틀하고, 목소리를 키우시고요. 다만 전투에서는 이길 수 있어도 전쟁에서는 패할 수 있다는 조언도 염두에 두고 오늘 나온 여러 가지 솔루션을 참고하여 신중하게 대처하셨으면 좋겠습니다. 응원합니다.

그 많던 언니들은 다 어디로 갔을까

4장

나도 몰랐던 내가 받은 차별

'대리끼리 대동단결' 문 대리

처음 취직해서 흔히 '세뇌 교육'이라 불리던 그룹 신입사원 연수를 받았다. 남자가 압도적으로 많다는 데 조금 놀랐다. 내가 뽑힌 계열사는 동기의 남녀 비율이 반반이었기 때문에 차이가 이렇게 많이 날 줄은 몰랐다. 전체로 보면 남녀 비율이 거의 3:1이었다. 보름간의 연수 중 하루는 강의를 하던 임원이 남자 직원들을 향해서 말했다.

"너희 남자들은 여자들보다 더 잘해야 한다. 여자들이 스펙이 훨씬 좋았지만 그래도 남자여서 너희를 뽑은 거야."

이어서 그는 앞으로 여자를 더 많이 뽑을 계획이고, 현재 대기업 중에서 비교적 높은 비율로 여자를 선발하고 있다는 것을 홍보했다. 그 높은 비율이라는 것이 30퍼센트였다.

'뭐야, 30퍼센트가 가장 높은 비율이라고? 그럼 다른 데는 얼마나 적게 뽑는다는 거야?'

기가 찼다. 하지만 이내 그런가 보다 했다. '귀하는 뛰어난 실력을 갖췄으나 이번에는 함께하지 못해…'로 시작하는 탈락 통지를 워낙 많이 받아 자존감이 바닥을 친 상태였기 때문에 뽑아준 것만으로도 감사한 마음이었기 때문이다. 내가 남자들보다 우월하다거나, 다른 뛰어난 여자들이 성별이 '여자'라는 이유만으로 선발되지 못했을 거라는 생각은 조금도 하지 못했다. 뛰어났지만 여자라는 이유로 떨어진 여자들이 있다는 사실은 인사 담당자가 아닌 이상 입사자들 눈에는 보이지도 않고 알 수도 없기 때문이다.

연수를 마치고 회사로 돌아와 계열사 교육을 받았다. 크고 작은 프로젝트에서 상을 받았고, 동기들은 나의 성실함과 능력을 인정해줬다. 교육이 끝나고 우리는 각각 부서에 배치를 받았고, 시간이 흘러 누군가는 대리가 됐고 누군가는 과장이 됐다. 그런데 기분 탓일까. 성별이 반반이었던 동기들 중에 과장이 되지 않은 남자 동기는 없었다. 반면 몇몇 여자 동기는 지금도 대리다. 뭘까. 왜일까. 의구심이 생겼다. 기분 탓인지 내 심증이 맞는지 확인해야 했다.

위아래 기수의 진급 시기를 조사했다. 역시나 여자들의 진급이 상대적으로 늦었다. 진급이 늦은 이유는 제각각처럼 보였지만, 사실은 하나였다. 물론 여자이기 때문에 진급을 시키지 않는다거나 하는 일은 없었다. 진급은 속해 있는 부서의 영향을 많이 받는데, 힘이 있고 진급이 잘되는 부서에 주로 남자들이 배치된다는 점이었다. 예를 들어 기획, 재경, 구매처럼 힘이 있는 부서에는 남자가 적합하다고 판단하거나 그 부서에서 남자를 원했다. 반면 영향력이 적은 마케팅, 지원 부서는 여자들이 배정됐고 결국 진급에서 밀렸다. 그렇다면 이유는 부서일까, 아니면 성별일까?

하루는 능력이 뛰어난 여자 동기가 주재원 교육을 신청했는데, 거절당하는 일이 벌어졌다. 거절의 이유는 '여자라서'였다. 주재원으로 여자를 내보내지 않으니 교육을 할 필요가 없다는 것이었다. 도저히 이해할 수가 없었다. 도대체 주재원을 내보내면 어떤 일을 하기에 여자를 내보내지 않는 건지. 해외 주재원은 외국에서의 경험도 쌓을 수 있고 사람들 사이에서 능력을 인정받을 수 있는, 그야말로 절호의 기회로 여겨진다. 그런데 주재원으로 발령받는 건 둘째치고 지원 자격을 얻을 수 있는 교육조차 거절당한 것이다. 결국 그 동기는 차근차근 준비해서 더 좋은 조건의 회사로 이직했다. 회사 입장에서는 우수한 인재를 놓친 셈이다.

남자 동기들이 진급할 동안 나를 비롯한 여자 동료들은 좋은 부서와 보다 성장할 수 있는 기회로부터 배제되었다. 하지만 지금까지 이 부서에서 그들이 그곳에서 한 일보다 더 많은 일을 해왔다고 자신한다. 동기들과 여러 교육을 받았는데 늘 우수한 편에 속했다. 나도 주재원 교육 시켜주면 열심히 할 자신 있다. 나도 힘 있는 팀에 배치해주면 그 사람처럼 일할 수 있다. 아니, 더 잘할 자신이 있다.

회사는 성별을 이유로 차별하지 않는다고 말한다. 겉보기엔 그렇지 몰라도 우리가 보지 못하는 곳에 차별이 녹아 있다. 비공식적이지만 입사할 때 이미 '남성할당제'가 시행되고 있는 것이나 마찬가지다. 이력서에 성별을 배제하고 사진

없이 인원을 선발한다면 지금보다 더 많은 여자가 뽑히리라는 사실을 부정할 수 있는 회사는 많지 않을 것이다. 공식적인 여성할당제를 반대하려면, 그전에 적어도 비공식적으로 행해지고 있는 남성할당제를 없애고 채용 과정을 투명하게 하는 게 먼저다.

회사는 정말 모르는 걸까? 앞서 여자 동기가 차별에 부딪혀 이직했듯이 여성의 성장을 지원하지 않고 발목 잡는 회사는 장기적으로 봤을 때 손해라는 것을 말이다. 아니면 알고도 모르는 체하는 걸까.

관련 에피소드

〔75화〕 〔언슬조×MBC〕
밀레니얼과 꼰대가 직장에서 함께 살아가는 법

유리벽에 갇힌 여자들

'프로이직러' 이 과장

"에이, 여자라고 해도 남자들 하는 영업 잘해서 성과 좋은 친구들은 똑같이 승진하잖아. 결과가 잘 나오면 안 해줄 수 있겠어?"

회사의 힘든 일을 털어놓을 만큼 제법 속마음을 터놓고 지내는 상사이기에 악의가 있거나 특별한 의도로 한 이야기가 아니란 건 안다. "반은 맞고 반은 틀려요"라고 말하고 싶었지만 그만뒀다. 기분 좋게 맛난 점심을 먹고 달달한 커피를 마시며 끝나가는 점심시간을 아쉬워하기에도 시간은 부족했다. 하고 싶은 말을 속 시원히 하지 못한 채 사무실로 돌아와 다시 일을 해야 했다.

나의 경험에 비추어 보면, 대부분의 회사에는 승진이 빨리 되고 승진자가 많이 배출되는 특정 팀이 있다. 이런 팀들은 금융계 특성상 돈을 벌어오는 팀, 즉 수익을 만들어내는 곳이고 대부분 영업 기능이 필수적으로 포함되어 있다. 물론 그런 부서에도 여자들이 있다. 그렇지만 대부분의 여자는 영업을 지원하는 업무를 할 뿐 직접 영업을 하는 경우는 드물다. 우리나라에서는 술과 접대를 기본으로 영업 생태계가 돌아가기 때문이다. 하루가 멀다고 이어지는 술자리와 노래방, 그리고 그것보다 더한 자리로 이어지는 영업 일은 맨정신으로는 버티기가 힘들다. 그래서 차라리 술을 마셔 정신이 없어야 깊은 생각 없이 그 자리에 더 쉽게 융화될 수 있다고들 한다. 그러니 육체적으로도 힘든 건 당연하다.

이런 환경에서 '남자들처럼 영업하는 것' 자체가 갖고 있는 장벽이 여자들에게 너무 높다는 것이다. 비단 여자에게만 힘든 부분이 아니고 남자들에게도 쉽지 않다. 이전 회사인 외국계에서 고객사 미팅을 함께했던 상사분은 남자였는데, 국내사의 영업 문화가 힘들고 마음에 들지 않아 옮겨왔다고 얘기했다. 그 상사와 함께 일했던 시간은 좋은 기억으로 남아 있다. 그분과 함께한 영업 자리는 어두운 저녁이 아닌 환한 점심시간이었고, 술 대신 맛난 식사를 했다. 고객들은 이런 자리는 정말 드물다며 처음에는 낯설고 어색해했는데, 몇 번 반복하니 부담도 적고 훨씬 편하다고 했다. 이는 반대로 술과 접대가 빠진 영업이 사람들에게 그만큼 생경하다는 얘기다.

그럼에도 "남자들은 끝까지 버티지 않는가. 여자들도 똑같이 하면 되지 않나? 하지도 못하면서 이런 말 할 자격이 있나?"라고 말할 수도 있다. 하지만 여자들은 여러 가지 이유로 남자들보다 버거울 수밖에 없는데, 그 이유 중 하나가 출산과 육아다. 내 주위에 금융영업으로 승승장구하던 한 동료는 출산 후 복귀하더니 승진이 잘 안 돼 만년 대리로만 남을 수도 있는 영업지원부서로 자진해서 이동했다. 육아 때문에 예전처럼 영업하기 어려운데, 부서의 영업 인력 자리 하나를 차지하게 되니 눈치가 보인다고 했다. 그리고 술과 접대를 하지 못하면 영업을 제대로 할 수 없다는 말을 덧붙였다. 그 얘길 듣고 내가 해줄 수 있는 말은 없었다. 씁쓸한 현실을 또 한 번 체감하며 같이 한숨을 쉬는 것밖에.

하지만 같은 동양인 싱가포르만 해도 상당히 다르다. 방송에 게스트로 나왔던 워킹맘 '부엉마마' 님은 싱가포르의 금융사에서 영업을 했다. 나는 우리나라의 영업 환경만을 생각하여 쉽지 않을 것으로 예상하고, '여자로서 영업하기 힘들지 않으냐. 더군다나 자녀가 두 명인 상태에서 집안도 신경 쓰려면 더욱 버거울 것 같은데 계속할 수 있느냐'고 물었다. 그녀의 답변을 들어보니 나의 괜한 우려였다. 우선 회사 내에 엄격하고 강한 컴플라이언스(준법감시) 체제가 갖춰져 있어 규정상 일정 금액 이상의 술자리를 갖거나 접대를 할 수 없다고 했다. 그리고 정해진 금액 이상의 영업 활동을 할 경우 곧바로 보고해야 하는 철저한 시스템이 있기에 과도한 술과 접대를 활용하는 영업은 되도록 하지 않는다고 했다.

그렇다. 싱가포르는 애당초 영업 하면 떠오르는 '술과 접대'를 걱정할 필요가 없는 업무 환경이 갖춰진 것이다. 어떻게 하면 전문가로서의 경험과 지식을 더 쌓고 포지션을 즐기면서 오래 할 수 있을지, 생산적이며 의미 있는 커리어 고민만 하면 됐다. 우리나라도 이제는 술과 접대가 영업의 필요 조건이 아니라는 것을 인지해야 한다.

왜 영업과 같은 핵심 부서에서 그토록 남자들을 원하는지 잘 모르겠다. 여자도 술과 접대 빼고는 남자들 못지않게 잘할 수 있는데 말이다. 그러다 보니 결국 여자는 그런 부서에 가기조차 힘들고 승진에서 남자에게 뒤처질 수밖에 없다. 이런 사회적 현상을 '유리벽(glass wall)'이라고 한다. 이는 임금 상승과 승진 가능성이 낮은 일자리가 주어지는, 즉 기업과 조직의 핵심 업무에서 여성이 배제되는 것을 뜻한다. 보조 및 지원 업무, 상담 및 인간관계 관련 업무가 그 예다. 이런 여성 집중 직종은 승진 사다리가 없는 주변적 업무다. '유리천장'은 고사하고, 사다리를 올라타기 위해서는 눈앞에 있는 유리벽부터 깨야 한다. 위로 올라가기는커녕 옆으로 이동하기조차 쉽지 않은 유리벽 안에서 일하는 것이 여성들의 현주소다.

관련 에피소드

〔75화〕 〔언슬조×MBC〕
밀레니얼과 꼰대가 직장에서 함께 살아가는 법

여성의 결혼은 어쩌다 조직의 시한폭탄이 되었나

화장실을 뛰어서 다녀올 만큼 바쁘던 시기였다. 회사는 늘어나는 업무를 메워줄 추가 인력을 찾고 있었고, 빨리 새로운 사람이 와서 다른 것도 아니고 화장실 정도는 마음 편히 갈 수 있기를 바랐다. 다행스럽게도 함께 일하고 싶다는 뜻을 보여준 좋은 분을 찾아 채용 과정을 순조롭게 진행했다. 그런데 마지막 순서쯤 되자, 전혀 예상하지 못했던 일이 발생했다.

"난 괜찮은데, 그분이 결혼 예정이라는 걸 위에서 마뜩잖게 생각하나 봐요…. 회사가 지금 진행되고 있는 조건을 정규직에서 계약직으로 바꾸라고 하네요."

팀장이 나에게 말했다. 도대체 왜? 이유는 하나밖에 없었다. '결혼 예정인 가임기 여성'이라는 것.

남자가 결혼 예정이라 했어도 이렇게 했을까? 분명 그러지 않았겠지. "이게 말이 되는 소리예요?"라는 말이 목까지 올라왔지만 꿀꺽 삼켰다. 이 업무는 꼭 정규직이어야 한다고 꿋꿋하게 주장하지도 못했다. 그리고 이렇게 변경됐다는 사실을 며칠 후 그녀에게 전달했다.

"현재 임신 중인 것도 아니고 단지 결혼을 앞두고 있다는 이유로 정규직이었던 포지션을 갑자기 계약직으로 바꾼다네요. 이 회사 별로야, 별로. 오지 않는 것이 좋겠어요. 우리 부서랑 너무 잘 맞고 업무 능력도 좋아서 같이 일하고 싶지만 말이에요."

같이하지 못해 정말 아쉽다는 뜻을 진심을 다해 전달하는 것 말고 내가 해줄 수 있는 것은 없었다. 그저 불공평한 현실을 함께 안타까워하고 함께 화내는 것밖에는.

현실의 벽이 이토록 무겁게 다가온 적이 예전에도 한 번 있었다. 어쩌면 그때의 불편한 기억이 떠올라 그녀에게 이 회사가 좋지 않은 곳이라고 말하는 걸 최선의 전달 방법으로 선택한 것인지도 모른다.

과거에 한 본부가 모두 여자로 구성된 회사에 다녔다. 담당 임원은 사람을 뽑을 때 성별을 전혀 따지지 않았고 모든 조직원을 기꺼이 여자로 선택했다. 함께 일하면서도 업무와 일상에서 여자가 뛰어나다는 것을 인정했으며, 말뿐만이 아니라 본인의 행동으로도 몸소 보여주었다. 그런데 다가오는 인력 충원 시기에 남자를 뽑을 것이라는 이야기가 들려왔다. 나를 제외하고 다들 비슷한 시기에 결혼을 했는데, 그 상사가 직원들이 한꺼번에 배가 불러올까 걱정한다는 소문도 함께 돌았다.

상사의 진보적인 가치관을 높게 평가했던 나는 적잖게 실망했다. 하지만 문득 조직에서 나 혼자 싱글이라는 사실이 떠오르자, 순간 불편한 질문에 부딪히게 됐다. 과연 나라면, 후임으로 여자를 우선순위로 뽑을 수 있을까? 선뜻 'Yes'라고 대답하기가 어려웠다. 어찌 됐든, 결혼한 동료들은 자연스러운 이유로 차례차례 휴직을 하게 될 것이다. 대체할 사람을 찾기는 생각보다 쉽지 않다. 그 이후는? 조직에서 한두 명씩 빠져나갈 때 남은 일은 누가 담당해야 할까? 대부분의 경우 나머지 직원이 업무를 분담해서 해야 하는데, 기존 직원들도 이 상황을 달가워하지 않는다는 것을 잘 안다. 머리로는 일하는 여자들이 직면하게 되는 현실이 안타까워 서로 도와야지 하다가도, 줄어들지 않는 일과 동료의 일을 맡아 해도 보상이 따르지 않는 조직의 현실 앞에서는 다른 생각이 들 수 있다.

나는 이 모든 질문에 "그럼에도 여자를 뽑아야 한다"라고 확신에 찬 말을 하기가 쉽지 않았다. 행여 내가 휴직이나 퇴사를 한다고 해도, 뒤를 이어서 맡아줄 사람은 자리를 비울 일이 없는 사람이길 바랐다. 중간관리자가 된 시점에서 바라보니 조직은 예민한 유기체와 같았다. 내가 부득이하게 자리를 오래 비웠을 때 원활하게 백업을 해줄 수 있을까. 게다가 이런 상황에서는 출산휴가와 육아휴직을 쓰는 사람들이 조직과 사람들에게 미안한 감정을 갖게 될 수밖에 없다. 개인의 선의에 기댄 채 이런 문제들이 잘 풀리기만 바라는 게 과연 언제까지 지속 가능할까. 단순히 회사와 리더만을 탓하는 것은 큰 의미 없이 악순환만 부르는 것이란 생각이 들었다.

결혼 예정이라는 이유로 정규직에서 계약직으로 전환시킨 인사팀에 분노했다. 하지만 나라면 과연 여자를 뽑을 수 있겠느냐고 자문하면서도 자신 있게 대답하지 못했다. 회사에 당당하게 항의하지도 못했다. 조직의 보수성, 공고한 유리천장, 만연한 편견, 암묵적인 남성할당제에 대한 분노보다도 나를 무겁게 짓눌렀던 건 나 혼자 힘으로는 아무것도 바꿀 수 없다는 무력감이었다. 얄밉게 남자만 골라 뽑는 조직의 리더, 워킹맘 후배에게 둘째까지 낳을 거냐고 핀잔주듯 물어보던 상사를 원망한다고 해서 해결될 일이 아니었다. 남겨진 사람들의 부담, 누군가가 불시에 휴직을 하게 될 때 돌아가지 않을 시스템에 대한 암묵적인 두려움들이 거대한 수레바퀴처럼 굴러가며 여성을 조직 밖으로 밀어내고 있다.

여성을 더 뽑게 하는 정책들은 지금도 많이 시행되고 있다. 공공기관에서는 성별을 일정 비율로 할당하게 하는 정책도 도입했고, 육아휴직 등 여성 복지 차원의 정책도 굉장히 좋아지고 있다. 하지만 조직 안에서 아이를 가진 여성을 복지로 배려할 때 남은 일을 떠안아야 하는 다른 이들의 어려움이나, 한 명이 빠졌을 때 타격을 받을 조직의 연약한 시스템에 대한 논의는 아직 걸음마 단계다. 남아 있는 사람들이 겪게 되는 소외감이나 고충을 배려하는 정책도 없다.

어쩌다 여성의 결혼은 조직의 시한폭탄이 됐나. 여성이 당연히 육아를 담당한다는 고정관념을 전제로 설계된 조직의 틀이 잘못된 것 아닐까? 여자뿐만 아니라 남자도 아이를 돌보러 가면서 눈치 보지 않기를, 누군가에게 희생을 강요하거나 상처 입히지 않기를. 내가 팀의 리더가 될 때쯤엔 이런 고민 같은 건 할 필요가 없게 되기를 바란다.

관련 에피소드

(39화) 나도 이런 편견 있었다? 언니들의 TMI 고해성사

미안함은 왜 늘 엄마들의 몫일까

'프로이직러' 이 과장

불판에서 고기가 지글지글 소리를 내며 먹음직스럽게 익어가고 있었다. 석 점 정도나 먹었을까.

"나 이제 들어가 봐야 해."

맞은편에 앉아 있던 선배가 조심스럽게 말했다.

연말 약속으로 다들 바빠지기 전에 조금 이른 연말 모임을 갖자며 정말 힘들게 만든 저녁 모임이었다. 많은 약속으로 바쁜 사람들이라 그간 못 만났던 것이 아니다. 나를 제외한 그 모임의 구성원들 모두 자녀가 있고 일을 하는 엄마들이었다. 저녁 시간이 자유로운 나와는 달리 그들의 저녁 시간은 육아로 꽉 채워져 시간 내기가 쉽지 않았다. 약속을 잡으려면 열 개의 날짜 중 모두에게 가능한 날짜를 추리고 또 추려야 했다. 그날도 갑자기 생긴 집안일, 각자의 회식으로 여러 번 취소를 반복하다 성사된 모임이었다.

그렇게 힘들게 만난 지 이제 겨우 한 시간이 지났을 뿐인데, 집에 간단다. 심지어 우리는 선배 언니를 배려하기 위해 약속 장소도 그녀의 회사 근처로 잡았는데 말이다. 집도 제일 가까운데 왜 이리 서두르는지.

"가긴 어딜 가."

처음에는 붙잡았지만, 이내 집에 무슨 일이라도 생긴 건 아닌지 다들 걱정하기 시작했다. 들려오는 대답은 예상 밖의 것이었다.

"어제, 딸 학교 선생님의 전화를 받았어. 아이가 꼴찌를 했다면서 엄마가 조금 더 신경을 써야 한다고 말하더라."

그리고 덧붙였다.

"그 이야기 듣고 얼마나 울었는지 몰라."

이 말에 다들 조용해졌다. 잠시 후 옆에 있던 다른 선배 언니가 말했다.

"야, 우리 딸도 수학 꼴찌 했어. 그런데 나는 신경 안 쓸 거야. 공부는 혼자 하는 거지."

이렇게까지 말하며 붙잡았지만 그 언니는 끝내 자리에서 일어났다. 나는 왜 울었는지 그 감정을 정확하게 이해하긴 힘들었다. 그 복잡미묘한 감정을 일종의 죄책감이라는 한 단어로 뭉뚱그려 미루어 짐작할 뿐이다. 내가 이해하지 못하는 이런 감정을 남편이 알아주고 토닥여주겠지.

한 달에 한 번 정도 업계 여자 선배와 점심을 먹는다. 업계 파악도 하고 서로 한탄도 할 겸 만난다.

"그간 별일 없으셨죠?"

"요새 회사도 정신이 없는데 집에도 일이 많아요."

나는 큰일이 난 줄 알고 놀란 표정으로 무슨 일이냐고 물었다. 학원에서 엄마의 학습 지도가 필요하다는 전화를 받은 후부터 퇴근 뒤 아이들 공부를 봐주고 있다는 것이었다. 애들이 "엄마가 안 하면 나도 안 할 거야" 하고 나오는 통에 어쩔 수 없다며 한숨을 쉬었다. 남편에게 도움을 청하면 한 30분쯤 가르쳤을까, "여자가 공부는 무슨 공부냐" 하면서 그만둔다는 것이었다.

난 회사 끝나면 모든 에너지가 빠져나가 손가락 하나 까딱하기 싫은데, 퇴근 후 아이들과 같이 공부를 하다니. 실로 입이 떡 벌어졌다. 그렇다. 엄마들은 회사 일이 끝났다고 일이 끝난 게 아니다. 그다음의 노동이 또 기다리고 있다. 바로 육아와 살림이다. 혹여 학교나 학원에서 전화를 받으면 지금 내가 무엇을 하고 있나 자괴감이 파도처럼 밀려온다고 한다. 그럴 때면 '나의 욕심에 아이들에게 못 할 짓을 하는 것은 아닐까' 하고 냉탕과 온탕을 하루에도 열두 번은 오간다고 말했다. 학교 다닐 때 다들 뛰어나다는 소리를 들었던 그녀들이지만, 이상하게도 워킹맘이 되면 스스로를 평균 이하라고 생각한다.

이 이야기를 나누고 있는데 식당 옆 테이블에서 하는 이야기가 내 귀에 들어왔다. 중년 남성의 목소리였다. "여직원들은 책임감이 없어. 자꾸 몸을 사려."

여보세요들. 내 앞에 이렇게 책임감 강한 여자 직원이 버젓이 있는데 지금 무슨 소리 하시는 건가요. 일도 하고 퇴근 후에 저녁을 짓고 그다음에 아이도 돌보고 하루에 몇 가지 이상의 일을 하는데 책임감이 없다니. 눈을 크게 뜨고 보세요. 바로 앞의 광경만 보지 말고요.

관련 에피소드

(30화 1부) **화려한 커리어 접고 퇴사, 프리랜서 워킹맘이 된 그녀**

화려한 커리어를 접고 프리랜서 워킹맘이 된 그녀

'프로백수' 박 PD

회의 시간에 다급하게 전화를 받은 그녀는 구석에서 숨죽이며 통화를 했다.

"네, 연희 곧 나온대요. 횡단보도 앞에 있을 거예요. 네, 지우 엄마 집에 데려다주면 돼요."

아이 전화와 시어머니 전화를 차례로 받은 그녀는 재빠르게 자리로 돌아와 태블릿 펜을 잡았다. 회의실에선 감독과 촬영감독, 조연출이 함께 모여 다음 신을 어떻게 구상할지 논의하고 있었다. 두 번째 신의 첫 번째 컷이 열띤 토론 끝에 마무리된 뒤 휴대폰이 또 울렸고 그녀는 황급히 휴대폰을 들고 고개를 옆으로 돌렸다. 아무에게도 들리지 않을 모기만 한 소리로 통화를 하고 있었지만 나는 누구인지 알고 있었다. 회의 중에도 절대 안 받을 수 없는 전화.

"할머니가 나가신다고 했잖아. 조금만 기다려. 씩씩하게. 기다릴 수 있지?"

옆에 앉아 있는 나조차 조마조마할 정도로 긴장감 넘치는 007 작전을 완료한 그녀는 다시 태연하게 태블릿으로 돌아와 다음 컷을 그린다.

"감독님, 다음 컷은 풀 샷인가요?"

그녀는 영화 방송 6년 차 콘티작가다. 촬영이 들어가기 전에 구상된 장면을 그림으로 그려주는 직업이다. 그리고 이제 막 초등학교에 들어간 두 아이의 엄마이기도 하다. 그리고 나는 그녀와 함께 콘티작가로 일하고 있는 프리랜서다.

서른에 시댁에 들어가 살며 아이 둘을 낳고 착실한 며느리로 지낸 그녀가 공중파를 꿰차는 프로 작가로 자리 잡기까지는 8년이라는 시간이 걸렸다. 도우미 아주머니 한 번 안 쓰고 기적처럼 커리어를 다시 세운 그녀는, 대단했다. 그런데 사실, 결혼 전엔 더 대단했다.

스물여덟 살, 대기업 광고회사 최연소 크리에이티브 디렉터. 중국에서 굵직한 프로젝트를 완료한 디자이너. "칼같은 마감에 최소의 수정만으로 클라이언트를 만족시키더라" 하는 소문이 자자하던 진짜 일잘러.

그런 그녀가 서른이 되자마자 마치 이 나이 놓치면 영영 시집 못 갈듯이 급박하게 결혼을 했다! 당시 신랑보다 연봉이 높았던 그녀는 아이를 갖자마자 퇴사했고 시댁과 가정에 의무를 다하기로 결심한 것처럼 보였다. 그녀는 며느리의 역할도 고객을 상대하는 프로젝트만큼이나 잘하는 것 같았다. 그리고 그녀는 끝내 광고회사로 복귀하지 않았다.

"아이 키우면서 할 수 있는 일일 것 같아서. 조금만 더 애쓰면, 할 수 있지 않을까?"

그녀가 콘티작가가 되겠다며 내게 연락을 해온 건 그녀의 큰아이가 네 살 때쯤이었다. 연습한 그림이 빼곡히 채워진 크로키북을 들고서. 재취업 대신 그녀가 선택한 건 프리랜서였다.

"아무래도 시간을 자유롭게 쓸 수 있으니까."

그녀는 육아와 병행할 수 있는 일을 찾은 것 같다며 기뻐

했고 나는 오랜만에 영화 쪽 일을 할 수 있어 좋았다. 제로에서 시작했지만 이 인맥 저 인맥 동원하여 일감을 구하면서 우리는 마냥 들떴다. 무급에 가까운 노동부터 차근차근 포트폴리오를 쌓아나갔다. 100만 원에 하던 일이 200만 원이 됐고, 다음 해에는 조금씩 프로들의 몸값에 가까워졌다. 싱글인 나와 워킹맘인 그녀의 조합은 천하무적처럼 보였다. 하지만 프리랜서라 아이 키우면서 하기 좋은 일일 것 같다는 기대는 완전히 엇나가기 시작했다.

촬영 날짜가 연기되고 작업 스케줄이 변경되는 건 영화나 방송계에서는 아주 흔한 일이다. 그래서 콘티작가 같은 프리랜서들은 급작스럽게 회의 날짜를 받곤 한다. 일정이 변경되어도 미리 알려준 적이 거의 없다. 그래서 프리랜서들은 항상 대기 상태로 있어야 한다. 작업 일정이 변경되더라도 싱글인 나에겐 전혀 타격이 없었다. 하지만 그녀에게는 친정어머니와 시어머니 일정부터 아이 아빠와 아이 친구 엄마 스케줄까지 죄다 조정해야 하는 엄청난 일이었다. 친정어머니가 아이 둘을 봐주시기로 한 날짜가 끝났는데 작업 마감 기한이 변경되면, 그녀는 아이 친구의 친구 이모라도 찾아가서 새로

부탁해야 했다.

예측 불가능한 스케줄로 인한 그녀의 스트레스는 나에게 조금씩 전가되기 시작했다. 그녀가 육아 때문에 일을 덜 하는 일은 없었다. 다만 함께 일하던 나는 생각지도 못한 압박감에 시달리게 됐다. 그녀의 스케줄에 맞춰야 한다는, 그녀의 스케줄을 배려해야 한다는 무언의 압박이었다. 그러다 보니 악착같이 아이도 키우고 완벽한 엄마도 되고 싶고 작가도 되고 싶어 하는 그녀가 어느 순간 욕심쟁이처럼 느껴졌다. 그녀에게 너무나 모진 말을 내뱉은 건 우리가 다섯 번째 작품을 하고 있을 때였다.

"그렇게 힘들면 그만둬. 둘 다 하려는 건 네 욕심이야."

같은 여자 입장에서도, 일터에서 아이 엄마들은 때때로 이기주의자처럼 보인다. 엄마들 눈에는 자신의 처지를 이해해주지 못하는 싱글들이 피도 눈물도 없는 사람처럼 보인다. 공공연한 불편함. 사실 엄마들도 싱글들도, 이기주의자도 냉혈한도 아니다. 누군가, 아니 더 큰 뭔가가 우리를 불편하게 만들고 있는 게 틀림없다. 그녀를 펑펑 울리고 나서야 나는 그 말을 내뱉은 걸 후회했다. 물론 진심은 아니었다.

둘째 아이가 어린이집 선생님한테 꿀밤 맞고 올 정도로 개구진 나이가 될 무렵, 우리는 여의도와 상암동에 꽤 자주 불려 다니는 콘티작가가 됐다. 싸우고 울고 이해하고를 반복하면서 그녀는 싱글인 나의 패턴을, 나는 육아 시간표로 엄격하게 짜인 그녀의 패턴을 배워가며 서서히 커리어를 정착시키는 데 성공했다.

그녀의 이름이 처음 공중파 방송 크레딧에 올랐을 때, 그러니까 시어머니도 애기 아빠도 보는 프로그램에 참여하게 됐을 때에야 그녀는 일한다고 당당히 말할 수 있게 됐다고 했다. "대체 뭐 하느라고 이제 오는 거니" 같은 말을 더는 듣지 않게 됐다.

"내가 너무 아까웠어요."

〈언슬조〉에 초대했을 때 그녀는 담담하게 말했다. 육아와 살림을 혼자 처리해야 하는 빠곡한 일상 속에서도 다시 직업을 갖길 포기하지 않은 힘이 뭐냐고 물었을 때, 그녀가 한 대답이다.

그런 근성 덕분인지 그녀는 오늘도 아이들이 하교하는 오후 3시 30분에 알람을 맞춰둔 채 카페에서 작업을 하고, 아이들이 잠드는 시간인 밤 11시부터 그날 남은 작업을 시작해 마무리한다. 첫째 아이의 초등학교 선생님 면담과 둘째 아이의 운동회 김밥 싸기까지 마치고 어제 의뢰받은 콘티의 수정사항을 체크하는 것도 이제 그녀에겐 큰일도 아니다.

다만 오늘처럼 회의가 저녁 8시까지 종일 잡혀 있는 날, 회의 중간에 휴대폰이 울릴 수밖에 없는 이유를 안다. 아이는 시어머니의 손을 잡고 그녀가 미리 부탁해둔 친절한 엄마 친구네 집에서 놀다가 아빠의 손을 잡고 집으로 올 것이다. 그녀는 또 그렇게 엄마 친구에게 한 번 빚을 지고, 시어머니에게 눈치를 한 번 보이고, 죄 없는 죄인이 되고 빚 없는 채무자가 된다. 나는 회의를 할 때마다 늘 생각한다. 감독도 촬영감독도 조연출도 다 결혼을 했는데, 왜 남자들의 핸드폰은 한 번도 울리지 않는가. 일터에는 많은 아빠가 있는데 왜 모든 가족은 엄마에게만 연락을 하는가.

주위에 조금씩 배려를 부탁할 수밖에 없는 눈치, 가족들로부터도 배려받아야 하는 눈치 사이에서 그녀는 오늘도 얼음판을 걷는 듯한 곡예를 벌이고 있다.

"괜찮아, 엄마. 저 드라마 우리 엄마가 작업했다고 친구들한테 자랑했어."

큰딸의 말에 함께 놀아주지 못한 데 대한 죄책감을 조금은 덜 수 있었다는 그녀. 무거운 가부장제의 편견을 뚫고 당당하게 새로 커리어를 살려낸, 나의 친구 황 작가를 존경하고 응원한다.

관련 에피소드

〔30화 1부〕 **화려한 커리어 접고 퇴사, 프리랜서 워킹맘이 된 그녀**

나를 버티게 해준 여자들

'머슬마니아' 신 차장

많은 사람들이 회사는 놀이터가 아니라 일하는 곳이라고 말한다. 맞는 말이다. 하지만 놀이터건 회사건 함께 웃고 울 수 있는 동무들은 필요하다.

방송에선 '머슬을 사랑하는 개인주의자'라고 소개할 만큼 내 생활을 중시하지만, 사회생활을 시작할 때부터 나는 좋은 팀워크와 서로를 이해하고 지지해주는 동료들에 대한 환상도 가지고 있었다. 같은 여자로서 직장에서의 애환을 허물없이 나누고 술 · 담배 안 해도 솔직해질 수 있는, 그런 동지들 어디 없나요.

몹시 운 좋게도, 짧지 않은 직장생활 동안 그런 사람들과 함께한 기억이 있다. 생각지도 못했던 지지와 배려를 받았고, 가장 힘들던 순간에 서로를 위로했고, 어려운 결정 앞에서 조용한 격려를 받았다. 오랜 시간이 지났지만 아직도 마음이 따뜻해지는 몇 가지 기억들을 여기 풀어보고자 한다.

첫 번째 기억은 영업직이 된 첫해의 이야기다. 그해 본사에서 팀 전체 세미나가 열렸다. '와, 영업직 되니까 본사로 출장도 가네!'라고 어린애처럼 좋아하던 순간도 잠시, '본사 사람들이 꼬꼬마 영업직인 나를 같은 동료로 봐줄까?' 하는 걱정이 들었다. 영업에 대해서 아직 아는 것도 별로 없는데, 거기다 내부 승진이라고 은근히 무시하면 어쩌지?

그래서 긴 비행기 여행 끝에 도착한 세미나 장소로 들어갈 때 서울 팀 사람들 곁에 꼭 붙어 있었다. 왠지 나 혼자 있으면 아무도 나를 못 알아볼 거 같아서. 그때 문 앞에서 사람들과 웃고 떠들던 외국인 여자 두 명이 나를 보더니 서둘러 달려와 와락 끌어안으며 맞아주는 것 아닌가.

"신 차장, 어서 와! 우리 팀엔 너처럼 여자 영업 직원이 더 있어야 해!"

"영업직 된 거 축하해! 우리가 잘하면 여자 영업직도 더 늘어날 거야."

알고 보니 본사에서도 일 잘하고 당당하기로 유명한 임원들이었다. 전혀 예상 못 한 이들의 환대에 가슴이 뭉클해진 건 물론이거니와, 이다음에 나 같은 꼬마 영업직이 온다면 꼭 이렇게 반겨주겠노라고 결심하게 되었다.

두 번째 기억은 영업 3년 차에 함께 일했던 거래처 과장님과 연결되어 있다. 시장이 안 좋았고 그로 인해 프로젝트의 사건 사고가 많았던 그해, 나는 밀려드는 계약서 수정 요청으로 허우적대고 있었고 주 거래처의 A 과장님이 내 업무 담당자였다.

둘 다 이 분야로 온 지 얼마 안 되었기에 회사는 달랐지만 모르는 건 서로 물어보고 배우면서 빨리 가까워졌다. 언제나 존칭으로 서로를 대했고 한 번도 술자리를 따로 가진 적은 없었다. 그런데도 그녀의 상사가 우리 부서에 화가 나서 전화하려고 할 때 나에게 먼저 귀띔을 해주기도 했고, 나 역시 그녀가 질문한 내용에 답하기 위해 야근을 하면서 답변을 준비해주기도 했다.

사실, 대표적인 남초 업계에서 연차가 쌓일수록 술과 골프를 하지 않으면 고객 접대건 내부 네트워킹이건 제대로 할 수 없겠단 생각에 외롭고 소외감을 느끼던 시절이었다. 남자 동료들이 거래처 사람들과 술을 거나하게 먹고 온 뒤 다음 날부터 술연지간(?)이 되어 편하게 정보를 주고받는 걸 보고 '아, 나도 저렇게 해야 하나'란 생각에 한숨이 나왔다. '저런 건 잘 못하지만 일은 정말 잘할 자신 있는데…' 하는 아쉬움을 마음속에만 차곡차곡 쌓아놨던 그 시절. 똑같은 남초 회사인 거래처의 여자 과장님의 존재가 반가웠고 그분과 함께 궁합을 맞춰가며 일을 처리해나가는 게 재밌고 뿌듯했다. 이런 척박한(?) 환경에서도 여자끼리 힘을 합해 잘하고 있다고!

그랬기에 작년 겨울, 출산 휴가를 들어가기 전에 왠지 그녀에게만큼은 인사를 하고 가야겠다는 생각에 전화를 했다.

"과장님, 저 출산하고 올게요. 그동안 안녕히 계세요."

"어머! 시간이 벌써 이렇게 됐어요? 우리 밥도 한번 못 먹었는데…. 차장님 꼭 돌아오세요. 꼭 돌아오셔야 해요!"

꼭 돌아오라고 여러 번 당부하는 과장님의 말이 참 고맙고 찡했다. 동고동락을 한 누군가가 나를 의지하고 기다리겠다고 하니 그녀와 함께 일했던 시절이 나에게만 의미 있는 게 아니었구나 하는 생각이 들었고, 그래서 꼭 씩씩하게 돌아가야겠다는 의무감(?)마저 들었다. 그래서 6개월의 휴직을 마치고 돌아가자마자 바로 복귀 인사 겸 전화를 했다. 그런데 이번엔 그녀가 출산휴가를 간다고 하지 않는가.

"과장님. 우리 만나야 해요! 제가 맛있는 거 사드릴게요!"

함께 일한 지 3년 만에 처음으로 점심을 함께했다. 그동안 전화와 미팅에서 업무 얘기만 했던 게 무색할 정도로 그날 많은 수다를 떨었다. 그녀의 결혼 이야기, 출산에 대한 기대, 복귀 후 업무와 육아를 잘 병행할 수 있을까에 대한 두려움. 내가 이미 두려워한 적이 있고, 겪었고, 지금도 겪고 있는 것들.

"차장님. 저도 업무와 육아를 잘 병행할 수 있을까요? 너무 걱정이 돼요…."

"과장님은 잘하실 거예요. 저도 하잖아요. 잘할 수 있어요!"

순식간에 지나가버린 식사 시간 후, 헤어지기 전에 그녀의 손을 꼬옥 잡으며 나도 모르게 이렇게 말하고 있었다.

"과장님. 꼭 돌아오세요. 저도 기다리고 있을게요. 출산 잘 하시고 꼭 복귀하셔야 해요."

같은 회사도 아니고 거래처 사람이었지만 왠지 오랜 동료를 보내는 듯해 울컥했다. 서로 입장이 달랐기에 대립각을 세운 적도 당연히 있었지만, 가장 힘들고 복잡한 프로젝트들을 함께했고 모르는 게 있으면 솔직하게 물어볼 수 있는 사람이었다. 무엇보다 '술연지간'이 아니었음에도 그에 버금가는 신뢰를 가질 수 있는 파트너였기에 이 업계에서 일하려면 꼭 술을 마셔서 관계를 맺어야 한다는 내 편견을 깨준 고마운 분이어서 그랬던 것 같다.

'술과 골프 없이도' 든든한 동료가 될 수 있다고 믿게 해준 A 과장님이 씩씩하게 복귀하시길 기원한다.

이 외에도 참 많은 '그녀들'이 있었다. 본인도 매일 야근하면서 내가 질문할 때마다 꼼꼼하게 가르쳐줬던 다른 팀 언니, 영업이 적성이 아닌 것 같다고 우울해하는 나에게 '언니는 지금도 잘하고 있다'는 따뜻한 말로 다독여준 동생, 그리고 힘내서 출산 잘하고 돌아오라며 맛있는 밥을 사준 워킹맘 언니들까지. 참 고맙고 마음이 따뜻해지는 기억들, 사람들 덕분에 힘겨운 순간들도 버틸 수 있었다.

힘든 고3 시절을 마무리할 수 있었던 건 좋은 대학을 가겠다는 굳은 목표가 있었기 때문이지만, 단조롭고 힘든 매일을 견딜 수 있었던 건 함께한 친구들이 있었기 때문이 아닐까? '그녀들'을 떠올리며 생각한다. 나 역시 누군가에게 든든한 메시지가 될 수 있길. 그래서 우리 함께, 조금만 더 버텨볼 수 있길.

관련 에피소드

〔39화〕 **나도 이런 편견 있었다? 언니들의 TMI 고해성사**

여자 부장들은 어떻게 조직에서 살아남았나

'프로백수' 박 PD

마 부장은 한 직장에서 22년째 일하고 있다. 수 부장은 현재 직장에서 10년째 일하고 있고, 직장생활 연차는 총 19년이다. 두 사람 다 대기업 조직에서 여자 부장으로 승진했다. 둘은 어떻게 견제와 정치, 편견이 심한 조직에서 살아남아 부장이 될 수 있었을까. 〈언슬조〉 64화 '여자 부장들은 어떻게 조직에서 살아남았나(ft. 마 부장, 수 부장)'에서 물어보았다.

두 사람의 대답은 각각 다른 의미로 흥미로웠는데, 가장 큰 요인은 두 사람 다 그 자리에서 꾸준히 버텼다는 사실이었다. 먼저 마 부장의 대답은 이랬다. 그녀는 특별히 일을 더 잘하거나 사내정치를 잘했기 때문이라고 말하지 않았다.

"함께했던 수많은 여자 동료 중 일하는 것에 비해 인정을 받지 못한다고 생각해서 나간 분들도 많죠. 여기서 인정을 받지 못하니까 아예 다른 직종으로 가는 거죠. 선생님으로 가신 분들도 있어요. 다른 회사로 이직한 분들도 있고, 결혼해서 육아를 하겠다고 관둔 분들도 있죠. 하지만 기본적으로 그분들은 떠나고 저는 버텼던 건, 그분들과 제 삶의 우선순위가 좀 달라서였던 것 같아요. 저는 일을 하는 게 좋았어요. 저는 22년 동안 아주 즐겁게 일했습니다."

그리고 다른 요소들을 상쇄할 만큼 그녀가 일을 사랑할 수 있었던 이유는 그녀의 상사였다. 비교적 긴 시간 동안 좋은 상사를 만난 것은 큰 행운이었다. 상사는 그녀의 작업을 크게 인정해주곤 했는데, 그것이 급여 인상이나 인센티브보다 더 큰 원동력이 되었다고 했다. 그녀가 작업을 잘 해낼 때마다 후에 더 중요한 프로젝트를 맡겼던 것이다. 이처럼 일을 했을 때 돌아오는 내적 보상이 컸기 때문에 그녀는 떠나지 않고 남을 수 있었다고 했다.

하지만 모든 여자들이 이런 상사를 만나는 행운을 얻는

건 아니다. 마 부장은 22년 동안 수많은 여자 동료가 떠나는 것을 보았다. 신입 때 함께 입사했던 동료 여직원들은 10분의 1로 줄었다고 했다. 대부분 해고가 아닌 자의로 직장을 떠났다고 했다. 하지만 앞선 마 부장의 이야기에도 나타났듯이 외적인 요인들이 여자들로 하여금 퇴사하도록 '압박'했다는 것이 보다 정확한 현실일 것이다. 후배 남자들이 승승장구하는 동안 승진할 기회를 주지 않아 지치게 하고, 열심히 일하고 헌신했음에도 그만큼의 인정과 보상을 주지 않으며, 출산휴가 후 돌아온 여성들에게 기존의 자리가 사라지고 다른 보직이 기다리고 있는 현실. 여자는 남편이 벌어다 주는 돈으로 먹고살아도 된다는 시선 등이 여자들에게 무언의 압력을 넣는다.

이쯤 되면 '어떻게 하면 여자가 조직에서 승진할 수 있을까?'라는 질문보다는 '왜 많은 여자가 차 · 부장이 되기 전에 퇴사하는가?'를 물어야 하지 않을까.

수 부장은 또 다른 흥미로운 대답을 했다. '옵션의 자유로움'이 여자들이 회사 밖으로 나가게 하는 동기를 준다는 것.

그녀는 여자들이 남자들보다 더 자유로운 가치관에 노출되어 있다고 했다. 수 부장에 따르면, 남자들은 조직에서 승진 열차에 올라타는 쪽을 많이 택하는데, 이는 일 잘하고 승진한 남자들이 그들의 획일적인 롤 모델이기 때문이다. 반면에 가족이나, 사회봉사, 공부, 더 멋지게 자아를 개척하는 것에 대해 여자들은 상대적으로 조금 더 넓은 시야를 갖고 있다고 느낀다고 그녀는 말했다.

그래서 직장을 떠날지 말지의 갈림길에서 자신에게 소중한 일이 회사 바깥에 있고, 그것이 더 행복해질 수 있는 길이라면 젖은 낙엽처럼 직장에 붙어 있는 게 꼭 더 나은 선택은 아니라고 본다고 두 사람은 입을 모았다.

하지만 직장이 내게 소중한 의미를 갖고 있고 일을 사랑한다면, 혹은 조직에서 버텨야만 한다면 다음과 같은 점을 유념하라고 두 부장은 조언한다. 우선 일만 잘하는 것만으로는 충분치 않다는 것이다. 등산을 함께 가서 요리를 하거나 누군가를 즐겁게 해주는 센스로 다른 사람들과 부드러운 관계를 유지하는 것도 중요하다. 직급이 올라갈수록 일을 잘한다는 것은 실무 처리나 프레젠테이션 능력을 넘어서 폭넓은 네트워킹, 인간관계, 사람 관리 스킬이 필요하다는 얘기다.

누구든 다른 사람을 승진시키지는 못해도 깎아내릴 수는 있기 때문에 평판 관리가 무척 중요하다고 했다. 대신 적을 만들지 않기 위해 억지로 남자 무리에 낄 필요는 없다고, 진정성 있는 좋은 사람들을 든든한 우군으로 만들어두라고 수 부장은 조언한다. 업무 전문성이나 인간성, 평판, 가족의 지지, 네트워크 중 무엇이 되었든 나만의 자신감과 든든한 '빽'을 곁에 두길, 높이 올라갈수록 치열한 견제가 있겠지만 마음 단단히 먹고 안전벨트 잘 매라고, 체력과 정신을 무장하고 조직생활의 면역력을 키워가길. 쉽지 않은 길을 선택한 모든 여성에게 그녀들이 보내는 굳은 지지의 메시지다.

관련 에피소드

[64-1화] **여자 부장들은 어떻게 조직에서 살아남았나 (부장 특집: ft. 마 부장, 수 부장)**

남자들이 아이를 키우면 어떻게 될까?

'프로백수' 박 PD

남자가 아이를 키우면 어떻게 될까? 아니, 남자가 아이를 돌보고 살림을 하고 유치원과 학교에 데려다주는 것이 당연하고, 여자가 돈을 벌어 가족을 먹여 살리는 게 당연하다면? 모든 것이 뒤바뀔 것이다. 직장에서 여자들의 임금이 남자보다 더 높아질 것이다. 구조조정 때 기업들은 남자보다 여자를 해고하길 꺼릴 것이고 여자들의 연봉에는 가족을 먹여 살리는 비용이 암묵적으로 포함되어 계산될 것이다.

남자들은 결혼하면 퇴사할 거니까 또는 남자들은 결혼하면 아이를 돌보느라 회사 일에 올인할 수 없으니까 아무래도 채용할 때 남자를 꺼리게 될 것이다. 출산 후 남자들이 아이 옆에 24시간 딱 붙어 있어서 이유식도 만들어 먹여야 한다면 당연히 육아휴직계를 내야 할 테고, 업무 로테이션이 빠듯한 회사에서는 남자들에게 많은 눈치를 줄 것이다. 결혼 적령기 남자들에게는 '결혼할 계획이 있느냐', '자녀 계획이 있느냐' 같은 질문이 쏟아질 테고, 결혼을 앞두고 있는 남자는 회사에서 오래 일할 사람으로 간주되지 않을 것이다. 그리고 대부분의 여자는 가족을 먹여 살려야 하기 때문에 회사에서 더 오래 일하려고 할 것이다.

이 모든 상상은 '남자가 가족의 생계를 부양하는 것이 당연하다'라는 단 하나의 가정을 뒤집으면서 벌어지는 일들이다. 〈언슬조〉 팟캐스트를 진행해온 2년여 동안 수많은 사연과 이야기를 접했다. 여자에게 교육 기회를 덜 준 어른들, 채용할 때 여자의 역할을 한정 지은 사람들, 여자에게 절대 투자하지 않는 조직, 승진 사다리에 애초부터 여자의 자리를 그려 넣지 않았던 임원들, "여자들은 선택지가 많잖아" 또는 "남편이 돈 벌어오잖아"라며 여자의 해고를 쉽게 생각하던 조직, 네 식구 입이 달려 있는 남자에게 구원의 동아줄을 먼저 던진 회사. 가장의 의무에 대한 압박 때문에 승진 열차에서 절대 내릴 수 없는 남자들, 그들의 치열한 사내정치와 전쟁을 못 견디고 스스로 물러난 여성들까지. 그런데 이 모든 차별의 저변에는 하나의 커다란 전제가 있었다. '남자가 가족들의 밥벌이를 한다.'

"제가 보기엔 여자분은 부족하지 않았고, 훨씬 뛰어난 분이었어요. 그런데 아이 관련 일이 생기면 여자분만 계속 시간을 내게 됐어요. 그동안 남자분은 승진했고 더 많은 기회를 얻은 반면, 여자분은 상대적으로 업무에서는 정체기가 왔죠."

〈언슬조〉 84화 '그녀가 말하는 신의 직장 공기업의 허와 실(ft. 아로미)' 편에 출연했던 아로미 님은 동기 사내 커플의 이야기를 들려줬다. 여자의 능력이 결코 부족하지 않았는데 그렇게 되어 너무 아까웠다는 말을 덧붙였다. 조직에서 여자보다 남자에게 더 기회의 문이 열려 있기 때문이기도 하지만, 암묵적으로 누군가에게는 생계 책임자라는 의무가 더 부여되고 누군가에게는 육아의 의무가 더 부여됐을 가능성도

크다.

강제로 여성할당제를 부과하고, '정치적으로' 주요 이사회 자리에 여성의 자리를 늘리는 등 아무리 워킹맘을 배려하는 정책을 펼쳐도 여성들이 일자리를 유지하게 하기가 그토록 힘든 이유는, 남자가 가족을 먹여 살리고 여성이 아이를 키운다는 그림이 우리가 살고 있는 세상에 깊이 뿌리박혀 있기 때문이다. 남자들의, 노인들의, 엄마들의, 여자들의 머릿속에도.

한 예로 〈언슬조〉 78화에서 다뤘던 《여성파산》이라는 책에서는 불시에 일자리를 잃은 여성들이 극도의 가난에 노출되어 있다는 점을 지적했다. 이 르포가 일본에서 처음 발표되자 "말도 안 돼. 여자가 어떻게 가난할 수가 있지?"라는 항의 전화가 걸려오기도 했다고 한다. 즉 일본에서는 여자는 혼자서 살아가지 않는 사람, 일할 필요가 없는 사람, 남자의 부양에 의존해 살아가는 사람이라는 인식이 저변에 깔려 있었던 것이다. 그래서 모든 사회 안전망이 남성생계부양 가족 모델을 기준으로 만들어져 있다. 그 때문에 여자들이 일터에 나왔을 때는 충분한 사회보장제도의 도움을 받을 수 없었다.

나는 아주 어렸을 때부터 엄마가 돈을 벌어오는 집에서 자랐다. 엄마는 회사를 차려 사업을 하셨고 아빠는 선생님이셨다. 나에게는 여자가 가장이 되고 돈을 벌어오는 게 너무 당연했고, 장차 결혼을 해도 남편과 함께 벌거나 내가 벌어 식구를 먹여 살릴 거라고 생각했다. 하지만 그런 내 생각은 자라면서 깨졌다. 여자는 살림을 해야 한다는 사실을 계속 학습하게 됐다. 초등학교 때 교과서에 나왔던 그림과 동화책부터 시작하여 TV 드라마에 나오는 '엄마'의 모습들, 소설, 명절, 결혼 후 주위의 압박으로 직장을 그만두는 친구들까지 그 모든 것으로부터.

가족에 대한 이미지로 굳어진 고정관념은 우리가 생각하는 것보다 훨씬 강하다. 여전히 높은 차별의 벽은 그 고정관념을 근거로 정당화되곤 한다. 사회는 그렇게 있는 힘껏 남자들을 밖으로 밀어내고 여자들을 집 안으로 끌어들인다. 하지만 고정관념에 균열을 낼 수 있다면 어떻게 될까. 생각을 깨고, 뒤집고, 익숙한 당연함이 더는 당연한 것이 아니게 된다면.

건축 업계에서 일하고 있는 문 대리는 공용 화장실을 설계할 때면 남자 화장실에도 기저귀 교환대와 유아용 거치대를 넣는다고 했다. 어느 날 아이를 데리고 나갔다가 화장실에서 기저귀를 갈지 못해 난감해하는 한 아빠를 TV에서 본 뒤 문 대리가 설계사에게 직접 요청해서 개선한 것이다. 사소한 디테일만 신경 써도 남자들이 아이를 돌보는 환경이 바뀐다. 우리가 생각하는 가족에 대한 이미지가 바뀌면 그것이 조금씩 현실에 반영될 것이다. 회사에서 남자들이 아이를 데려다준다며 일찍 퇴근해도, '녹색 아버지'를 하기 위해 반차를 내도 모두가 그것을 당연하게 생각한다면 회사에서도 남녀를 대하는 태도가 달라질 것이다. 그럼으로써 아이를 위한 의무가 한쪽의 의무가 아니라 선택이 될 수 있기를 소망한다. 양육에 대한 가치가 제대로 매겨지기를. 전통적인 가족상이라는 족쇄를 깨는 사람들이 꾸준히, 더 많이 나타나기를. 그래서 더는 여자들이 일터에서 밀려나지 않기를.

관련 에피소드

(84화) **그녀가 말하는 '신의 직장' 공기업의 허와 실(ft. 아로미)**

여자라서 해외 출장을 거부당했어요

Q 현재 진행하고 있는 프로젝트 관련해서 꽤 긴 해외 출장 기회가 생겼습니다. 이 프로젝트를 맡은 지는 1년 정도 되었습니다. 제가 프로젝트에서 담당한 부분이 적지 않았기 때문에 당연히 제가 갈 거라 예상했습니다. 그런데 위에서는 다른 사람을 보낸다고 하는 것이었습니다. 이유는 제가 여자였기 때문이었습니다. 팀장님은 저와 함께 가고 싶어 하셨는데, 이런 사실에 안타까워하셨습니다. "네 능력이라면 회사에 있는 차별적 관습을 바꿀 수 있을 것 같으니 잘해봐!"라며 응원도 해주셨지만, 이런 불이익을 받고 나니 힘이 빠지고, 너무 억울하네요. 입사 1년 차인데, 이런 곳에 계속 있는 게 맞을지 고민도 됩니다.

-N 님

(위 내용은 익명의 사연을 각색했습니다. 사연을 보내주신 'N' 님께 감사드립니다.)

문 대리 어이가 없네요. 다른 이유가 있다면 이해라도 할 텐데.

신 차장 기가 차네요. 말도 안 되는 일이라고 생각합니다. 그런데 한편 여기서 짚어봐야 할 게 일에 대한 만족도와 상사의 인정인 것 같아요. 사연 보내주신 분께서는 현재 업무에 굉장히 만족하고 열심히 하고 싶어 하고, 또 팀장님도 칭찬한다고 했잖아요? "네 능력으로 회사의 차별적 관습을 바꿀 수 있을 것 같다. 잘해봐라"라고 말씀하실 정도면, 팀장님은 이분을 신뢰하고 계시는 것 같아요. 짐작하기로는 팀장님은 이분을 추천한 것 같은데 저 위에서 꺾은 듯해요.
그래서 저는 오히려 이 회사에 조금 더 있어보시라고 조언하고 싶어요. 속이 상하시겠지만, 아직 1년 차밖에 안 된 신입인데 팀장님이 충분히 인정해주시잖아요.

이 과장 맞아요. 팀장님 또한 사연 보내주신 분께 미안한 마음이 있으실 테고, 위에서도 이분의 능력과 실적을 분명 알고 있을 거예요.

신 차장 위로 아닌 위로를 드리자면, 굉장히 자주 일어나는 일이에요. 경력이 10년이 넘어가는 저도 그 비슷한 일을 겪기도 했고요. 팀장님한테는 나중에 시간이 될 때 조용히 가서 어필을 하세요. '나는 정말 이 일을 하고 싶었고 팀장님께서도 저를 인정해주신 걸 아는데, 위에서 그렇게 결정한 거는 굉장히 유감스럽다'라고요. 그러면서 다음에 이런 기회가 또 생기면 그때는 저를 믿고 강하게 추천해달라고 차분하게 말씀드리세요. 그러면 팀장님도 다음에 그런 기회가 오면 윗사람에게 좀 더 강하게 어필할 거예요. 이 사람 정말 일 잘한다고.

이 과장 네, 그리고 1년 차라고 말씀하셨잖아요. 1년 차에 인정을 받는 건 대단한 일이지만, 막상 옮기려고 하면 경력과 능력을 인정받기 쉽지 않죠.

신 차장 네, 솔직히 말해서 1년 차는 어디로 이직해도 하는 일이 똑같고 대우도 못 받습니다. 그러니 이 회사에서 좀 억울한 면이 있어도 열심히 일하고, 실력을 쌓을 필요가 있어요. 내가 정말 열심히 일하고 열심히 어필했는데도 회사가 나한테 기회를 안 준다, 그러면 기회를 주는 곳으로 떠나세요. 저는 그걸 추천해드리고 싶어요.

문 대리 사연 보내주신 분과 비슷하게, 여자라는 이유로 주재원 교육에서 탈락한 제 친구도 그렇게 얘기하더라고요. 이직 준비도 하면서 기회가 있을 때마다 계속 어필하는 식으로 두 가지를 병행하라고요. 여기저기 소문도 내세요. '내가 이래서 못 갔다. 이게 말이 되냐?' 모두가 공감할 수 있게.

이 과장 맞아요. 방금 문 대리님이 소문내라고 했잖아요? 저는 20대 후반에서 30대 초반에 해외 취업을 하고 싶어서 고민하던 시기에 외국계 회사에서 잠깐 일한 적이 있어요. 그때도 나는 해외에서 일하고 싶다고 말해두었어요. 그 소문을 윗분이 듣고는 "홍콩지사에서 사람

뽑는다. 지원해봐라"라고 말씀을 해주시더라구요. 하고 싶은 게 있으면 소문을 내세요. 꼭 필요한 것 같아요.

신 차장 맞아요, 맞아요. 자기가 원하는 걸 많이 떠들고 다녀야 해요. 그리고 지금 충분히 일 잘하고 인정받고 계시기 때문에 많은 사람이 안타까워하고 도와주고 싶어 할 거라고 생각합니다.

언니들의
슬기로운 조직생활

회사, 떠나야 할 때와 버텨야 할 때

5장

한 직장에서 버텨왔다는 것

'대리끼리 대동단결' 문 대리

"이렇게 한 회사에 오래 다니는 사람을 본 적이 없어요."

흔한 소개팅 자리, 상대는 인사 직군에서 쭉 일해온 사람이었다. 상대가 일한 지 얼마나 됐느냐고 묻기에 8년 차이고, 입사 이래로 쭉 다니고 있다는 이야기를 담담하게 했다. 그러자 상대방이 무척 놀라면서 수많은 이력서를 봤지만 이런 사람은 처음 봤다고 했다. 물론 그가 있는 업계가 이직이 워낙 잦으니 그럴 수 있겠다 싶으면서도 나 자신이 기특하게 느껴졌다.

이렇게 꾸준히 한곳에 있는 동안 그 과정은 당연히 순탄

치 않았다. 회사를 '진심'으로 때려치우고 싶던 그때가 떠올랐다. 지금 돌이켜보면 도망가고 싶었던 순간에 그 자리에 남아 있기를 잘했다고 생각한다.

지방에 파견 가기 전, 나는 자신만만했다. 입차 3년 차, 프로젝트도 큰 것을 두 개나 치렀겠다 오만함이 하늘을 찔러서 이번 프로젝트는 정말 잘하리라 한껏 부풀어 올라 있었다. 하지만 그게 착각이라는 것을 깨닫는 데는 오랜 시간이 걸리지 않았다.

건축 관리는 2~3년 만에 마스터할 수 있는 일이 결코 아니다. 건축, 구조, 외장, 전기, 기계, 조경 등 조율해야 하는 업체와 일이 수도 없이 많았다. 분쟁이 생기면 당연히 각 업체가 자신의 이득을 주장하게 되는데, 누가 봐도 합리적이라고 생각할 만한 결론을 내는 건 무척 어려운 일이다. 정답이 없기 때문이다. 프로젝트 수십 개씩 한 과장님도 이런 경우는 처음이라고 할 만한 사고들이 프로젝트마다 생겨난다. 예를 들면 욕실 바닥에 대리석을 깔았는데 색상이 변해버려서 수많은 욕실 바닥의 청소를 한 달 내내 해줘야 한다거나, 가구 위에 뜨거운 물을 놓으면 가구 색상이 변해버려 300개의 가구를 싹 다 교체해야 하는 문제 등이다. 분명 다른 프로젝트 때는 문제가 된 적이 없는 것들인데 갑자기 튀어나와 말썽을 부린다. 이 일은 늘 새롭고 다이내믹하다.

그런 마당에 혼자 남겨져 여러 업체와 협의해야 하는 과정은 고난의 연속이었다. 고민과 경험이 많지 않다는 것은 결단을 내릴 수 있는 능력이 부족함을 의미했다. 프로젝트가 앞으로 나아가질 못했다. 하다못해 욕실의 줄눈 위치를 정하는데, 바닥에 벽체를 맞출지 벽체에 바닥을 맞출지도 결정하지 못했다. 그동안 과장님의 결정에 기대어 지켜보기만 했지 내가 직접 경험하고 고민한 적이 없었으니 그런 난관에 빠지는 것은 당연한 일이었다. 업체들은 서서히 내 말을 안 듣기 시작했고, 일은 쌓여갔고, 스트레스도 쌓여갔다.

술을 먹고 옆 사람에게 하소연도 해보고 친구에게 전화해서 주저리주저리 이야기도 해봤지만, 마음은 좀처럼 풀리지 않았다. 답답한 상황에서 도망치고 싶어서 퇴사를 간절히 꿈꿨다. 하지만 난 끝내 퇴사나 이직을 하지 않았다.

첫 번째, 그만두고 나서 대안이 없었다. 이 업계에서 경력이 충분하지 않아서 경력으로 이직하긴 어려웠고, 나이도 이미 많아서 신입으로 다른 곳에 들어갈 엄두가 나지 않았다.

두 번째, 이직을 한다고 하더라도 갑자기 일 잘하는 사람이 될 것 같지 않았다. 지금도 못하는데 다른 곳에 가서 잘하리라는 보장이 없지 않은가. 그리고 지금 일을 못하는 상태로 퇴사하면 영영 일 못하는 사람으로 남을 텐데, 그건 더 싫었다.

세 번째, 사람에게는 저마다 겪어야 하는 스트레스의 양이 정해져 있다고 믿는다. 여기서 스트레스를 100만큼 받아야 한다면, 위치를 바꿔 저기에 가도 스트레스가 100만큼 기다리고 있으리라 생각했다. 다른 곳에 가서 고생하느니 날 위해주는 사람이 많은 이곳에서 버티자고 다짐했다.

네 번째, 내가 나에게 너무 높은 기준을 적용했다는 사실을 깨달았다. 건축 업계는 최소 10년 이상 된 소장들이 날고 기는 현장인데, 고작 3년 된 나의 경험치로 너무 많은 것을 컨트롤하려고 했다. 잘하고 싶으니 해야 할 일도 많았고, 아무리 해도 만족할 수 없었다. 이번 프로젝트는 망쳤다, 어쩔 수 없다 포기하고 내려놓았다. 다음 프로젝트를 잘하자. 다음 프로젝트를 성공적으로 완수해서 박수 칠 때 떠나자고 다짐했다.

그렇게 일을 못한다는 사실을 인정하는 건 무척이나 마음 쓰라린 일이었지만 인정하고 나니 세상 누구보다 편안해졌다. 그동안 겪은 고통스러웠던 순간 덕분에 다음 프로젝트에서는 더 많은 고민을 할 수 있었고, 결정할 힘을 얻었다. 그 순간이 없었다면, 지금의 나는 도망치는 법만 알고 실패를 인정할 줄 모르는 사람이 되어 있지 않을까. 다행스럽게도, 망쳐버렸다고 생각했던 프로젝트는 진통 많았던 다른 프로젝트에 비해 별일 없이 잘 끝난 프로젝트로 사람들은 기억하고 있다.

현시점의 회사에서 더 원하는 것이 없고, 퇴사 후에 자신이 원하는 모습이 뚜렷하다면 당연히 퇴사할 것을 권한다. 하지만 현실을 냉정하게 직시하고, 퇴사하고 싶은 이유를 확실하게 이해하고, 회사의 장점과 단점을 나열해보고, 개선의 여지나 도움을 받을 수 있는 자원이나 동료 또는 상사가 있는지 점검해봤으면 좋겠다. 참고로, 다른 사람이나 회사를 바꾸는 건 어려울 수 있다. 바뀔 여지가 있는 것은 오로지 나 자신뿐이다.

요즘 서점가에는 퇴사 또는 이직을 권하는 책들이 많고, 이직 경험이 스펙이라고들 하지만 여전히 많은 사람이 이직할 수 없는 상황에 놓여 있다. 그리고 어쩔 수 없는 상황이라면 무작정 버티기보다는 얼마나 현명하게 버티느냐에 따라서 퇴사나 이직보다 좋은 결과를 낼 수도 있다. 8년 동안 수많은 시련이 있었지만 견디고 이겨서 오늘도 나는 이 자리에 있다. 잘하는 사람이 버티는 게 아니라 버티는 사람이 잘하는 거라는 말도 있지 않은가. 오늘도 버티고 있는, 한자리에서 꾸준히 자기 일을 해내고 있는 수많은 직장인을 응원한다.

관련 에피소드

(8화) **인생은 타이밍:**
직장, 버티는 시간과 떠나야 하는 순간에 대하여

퇴사와 이직의 반복:
내게 맞는 일을 찾기까지

'머슬마니아' 신 차장

연애를 잘하기 위해서는 나 자신을 잘 알아야 한다고 흔히 말한다. 그런데 사실상 모든 일이 그렇다. 다른 사람들의 기준과는 상관없이 내가 무엇을 원하는지 정확히 알아야 시행착오를 줄일 수 있다. 다만 문제는 그게 참 생각처럼 쉽지 않다는 거다. 그때는 맞았지만 지금은 틀리고, 그때는 틀렸지만 지금은 맞는 게 어디 한두 가지인가.

나 역시 그랬다. 내 입은 하나이건만 20대의 나는 "비서는 내 천직이야!"라고 했고, 30대의 나는 "비서, 난 절대 못 해. 내가 왜 할 수 있다고 생각했지?"라고 말했다. 한때는 월급

제때 나오고 6시 퇴근만 지켜주는 회사면 된다고 생각했는데, 어느 순간 이토록 지루한 생활을 계속할 수도 없고 해서도 안 된다는 생각이 들었다.

무수한 선택의 결과로 짜인 삶의 흐름에 따라 내 안의 '좋은 회사'와 '천직'의 기준은 계속 변했고, 그에 따라 내 이력서는 내가 꿈꿔본 적도 없는 방향으로 업데이트됐다.

어떻게 여기까지 왔을까. 분명한 건 나의 커리어 여정은 TV나 책 속 주인공들처럼 철저하고 꼼꼼한 준비로 잘 닦인 탄탄대로라기보다는 나의 착각과 깨달음, 욕심, 변덕 등으로 언제 펑펑 튈지 모르는 비포장도로였다는 것이다. 그러기에 조금은 부끄럽고 민망하지만, 결국 그 과정들이 모두 나를 만들고 설명해주는 나의 역사라는 점은 분명하다. 20대 시절의 나와 비슷한 여정을 겪고 있는 누군가에게 도움이 될지도 모를 일이니, 여기서 이야기를 해보고자 한다.

남편은 절대 안 믿지만, 대학교 때 나는 앞에 나서는 걸 싫어하고 목소리를 크게 내는 걸 두려워했으며 다소 수동적인 성향까지 있었다. 그러다 보니 적극적으로 나서야 하고 목표한 바를 쟁취해야 하는 쪽의 업무는 나랑 잘 맞지 않을 거란 생각이 들었다. 그래서 내가 직접 뭔가를 이루는 것보다는 서포트해주는 비서직이 나랑 잘 맞지 않을까 생각했다. 그림자처럼 보일 듯 말 듯 상사의 업무를 돕고 빈자리를 메워주는 역할이라니, 생각하면 할수록 나에게 딱 맞는 포지션이었다.

그래서 4학년 겨울, 학과 사무실로 날아온 신생 회사의 비서 구인 공문을 보고 덜컥 지원했다. 학점도, 영어 실력도 모자라 대기업 지원이 망설여졌던 터였다.

'그래, 따끈따끈한 회사로 가서 함께 성장하자!'

하지만 입사 후 3개월도 안 돼 내 확신은 흔들리기 시작했다. 하루에도 몇 번씩 날라야 하는 커피 쟁반은 무거웠고, 매번 설거지를 할라치면 짜증이 났다(이러면 안 되는데). 몇 시간 동안 일한 문서가 내 이름으로 올라가지 않는 게 속상했고, 내 일은 다 끝났건만 상사가 퇴근할 때까지 기다려야 한다는 게 불합리하게 느껴졌다. 맙소사, 그게 내 업무인데! 이 모든 걸 감수할 수 있을 줄 알았는데. 게다가 신생 회사 특유의 내부 시스템이 전무한 상황이 내 불안감을 더 키웠다. 그때 깨달았다. 나는 '맨땅에 헤딩'을 굉장히 싫어하는 사람이었다.

그렇게 비서직과 회사에 대한 확신이 조금씩 무너질 무렵, 월급이 석 달째 밀리면서 회사를 나오게 됐다. 하루아침에 실업자가 되어버린 것이다. 이제 비서직이 나랑 맞느냐 아니냐는 사치스러운 질문이 되어버렸다.

다시 찾아온 추운 겨울, 이제는 마냥 천직이라고 자부할 수 없는 비서직으로 다시 지원을 시작했다. 비서 외에 다른 포지션으로 가고 싶은 마음은 여전히 있었지만, 그보다는 '망하지 않을 회사'로 가고 싶다는 마음이 더 컸다.

'그래, 지금 찬밥 더운밥 가릴 때냐. 천직에 대한 건 일단 월급이 밀리지 않을 회사로 간 후에 생각해보자.'

두 번째 회사는 이름 있고 안정적인 회사였다. 비록 비서로 입사했지만 6개월의 호된 구직 기간 후에 받은 합격 통보는 너무나 달고 따뜻했다. 또다시 비슷한 업무를 하게 됐다. 상사가 부탁한 문서를 작성하고, 미팅 스케줄을 잡고, 고객이 오면 차를 대접했다. 첫 회사와는 다르게 일을 배우는 재미도 있었고 새로 만난 동료들하고 어울리는 즐거움도 있었다. 2년이 훽 지나갔다. 오후 6시까지는 열심히 일하고 퇴근 후엔 친구들과 어울리거나 취미 활동을 했던, 신나는 시간이었다.

그런데 인간은 얼마나 간사한지…. 모든 것이 익숙해지고 안정되니 지루함이 찾아왔다. 2년 정도 지나니 일이 어느 정도 손에 익었고 이제 뭘 어떻게 하면 되는지 감이 잡혔지만, 이 자리에서 10년을 일해도 똑같을 것이라는 빤한 현실이 머리를 때렸다. 이 회사에 들어오기 전에는 안정적인 미래를 그토록 갈망했는데, 막상 가지고 나니 하루 중 가장 오랜 시간을 보내는 회사생활이 이렇게 지루해선 안 될 것 같았다. 성장하는 재미를 맛보고 싶었고, 일을 잘했을 때 승진도 하고 싶었다. 연봉도 많이 올리고 싶었고 '내 것'을 가지고 싶었다. 내가 도와준 것 말고 내 것 말이다. 맙소사, 내가 이토록 인정 욕구가 강한 사람이었다니!

이렇게 서서히 불만이 쌓여가던 어느 날, 미팅에서 들어가는 길이니 샌드위치를 사놓으라는 상사의 전화를 받고 퇴사를 결심했다.

'하기 싫어. 이젠 그만할 거야. 다른 회사 가서도 비서 안 할 거야!'

내 나이 20대 후반. 아무런 계획도 준비도 없이 무모하게 두 번째 퇴사를 했다.

세 번째 회사는 외국계 금융회사였다. 그리고 두 번째 퇴사 때 결심이 무색하게도 다시 비서로 취직했다. 내 노력이 부족한 건 아니었다. 시간과 공을 들여 다양한 기업에 여러 포지션으로 이력서를 넣었지만 어디에서도 연락을 받지 못했고 오직 비서직으로 이력서를 넣은 곳에서만 연락이 온 것이다. 그때 깨달았다.

'직종을 바꾸려면 일단 입사를 한 후에, 회사 내에서 변경하는 게 제일 빠른 길이겠구나.'

그래서 그 후론 비서직 위주로 찾아보되 포지션을 변경할 가능성이 있는 곳인지, 내가 배워서 성장할 수 있는 분위기인지 등을 위주로 회사를 체크했다. 그리고 무조건 외국계 회사에만 지원했다. 국내 회사 문화에서 느꼈던 답답함을 다시는 겪고 싶지 않다는 바람이 컸고, 거기에 '간지 나게 영어로 일하고 싶다'라는 나의 허영심이 더해졌기 때문이다. 날 받아줄 것 같은 회사니까, 나를 합격시킨 회사니까 같은 이유로 지원과 입사를 결정했던 20대 초반의 나를 생각하면 이 얼마나 엄청난 발전인지.

또다시 이력서를 보내고 인터뷰를 다니느라 바쁜 시간이 왔지만 이번에는 전처럼 두렵고 초조하지만은 않았다. 나의 강점을 잘 알고 있었고 내가 뭘 원하는지도 어느 정도 감을 잡았기 때문에 나랑 안 맞을 것 같은 회사는 과감히 거르고 욕심나는 회사에는 인터뷰에서 적극적으로 어필했다.

그리고 마침내 영어로 일을 하고, 금융 쪽이며, 열심히 하면 영업직이 될 기회도 주겠다고 약속한 외국계 회사에 비서로 입사했다. 거짓말처럼 내가 원하던 모든 조건에 부합하는 회사였다. 20대 초반에 무모함으로 시작한 여정은 여러 가지 운과 노력 덕분에 나름대로 해피엔딩을 맞이할 수 있었다. 아직까지 그 회사에 다니고 있으니 해피엔딩이라고 할 수 있지 않을까?

하지만 이 상태가 언제까지고 이어질 거란 생각은 하지 않는다. 회사가 변할 수도 있고, 내 욕심과 목표가 변할 수도 있으니 말이다. 어쩌면 사람과의 인연처럼 회사와의 인연도 서로가 필요로 하는 시기에 만나서 잘 지낸 후, 그 시기가 끝나면 작별을 고하는 것인지도 모른다. 그래서일까, 옛날보다 퇴사가 흔한 옵션이 되어버린 건.

내가 존경하는 상무님이 자주 하는 얘기가 있다.

"회사를 너무 믿지 마세요."

난 거기다 한마디를 덧붙이고 싶다.

"자기 자신도 너무 믿지 마세요. 또 변할 거니까."

관련 에피소드

[50화] **퇴사와 이직의 반복:**
내게 맞는 회사를 찾기까지(ft. 달려라 직장 5년 차 하니)

나의 좌충우돌 커리어 **전환기**

'머슬마니아' 신 차장

"신 차장님 커리어 패스가 특이하네요. 비서에서 시작해서 지금은 영업하시는 거네요? 어떻게 하셨어요?"

커리어와 관련해서 가장 많이 받는 질문이다. 그렇게 드물까 싶기도 하지만 평상시에 질문을 받는 건 물론이고 가끔 상담 요청을 받기도 하는 걸 보면 생각보다 흔한 포지션 변화는 아닌 것 같다.

"상사에게 어필도 많이 하고 일을 찾아서 했어요. 그리고 상사 눈에 확인 도장 찍기 위해 대학원도 갔고요. 하지만 이것보다 더 솔직한, 다른 사람에게는 말할 수 없는 대답은 이 거예요. 제가 멋모르고 건방져서 가능했어요. 너무 힘들어서 다 때려치우고 싶을 땐 자존심 하나로 버텼고요."

현재 다니고 있는 회사에 입사했을 당시 나는 이유 없는 자신감으로 가득 찬 상태였다. 아니, 이유가 없지는 않았다. 드디어 원하던 조건을 갖춘 회사에 입사했으니까. 거기다 상사는 잘만 하면 영업직 기회까지 주겠다고 했으니 걱정할 것이 무어 있겠는가.

처음 접하는 용어들과 영어 이메일은 입사 초기 나를 살짝 주눅 들게 했지만 그 역시 시간이 지나면 다 적응될 거라고 호기롭게 자신을 달랬다. 이쯤 되면 정신 승리의 표본이라고 할 수 있겠다.

하지만 언제나 그렇듯이 한 가지 문제가 있었다. '나는 그냥 비서가 아닙니다'라고 부푼 자부심을 가지고 앉아 있는데 막상 일이 없었다. 내 포지션 자체가 새로 생긴 자리인지라 상사들도 나에게 무슨 일을 줘야 할지 감이 없는 상태였던 거다. 그러다 보니 나에게 주어지는 일들이 뒤죽박죽인 데다가 허드렛일이 많았다. 나를 붙잡고 A부터 찬찬히 알려줄 의지와 시간이 충만한 사람은 없었고, 나 역시 누굴 붙잡고 가르쳐달라고 해야 할지 알 수가 없었다.

속상했다. 시켜주면 잘할 자신이 있는데 마치 쓸데없는 존재처럼 멍하니 앉아 있어야 한다니. 일 처리가 저토록 엉성한 사람도 영업을 하는데 왜 나는 소포나 부치고 있어야 하는지.

그래서 그때부터 주인 없는 일을 찾기 시작했다. 상사들이 해야 했는데 너무 바빠서 밀린 서류 작성, 같은 이유로 밀린 계약 조건 확인 작업 등. 사실 엄청나게 중요한 일이라기보다 영업과 관련 있고 외부에 적당히 생색낼 수 있는 것들이었다.

'나 여기서 일 열심히 하고 있어요. 비서 업무뿐 아니라 영업 관련 일도 하고 있다고요!'

그런데 별생각 없이 서류를 집어 든 일이 큰 공부가 됐다. 내가 만드는 서류는 내부 참고용이긴 했지만, 작성하기 위해서는 계약서와 심사위원회 보고서를 다 읽어야 했다. 남는 게 시간이었기에 보고서도 꼼꼼히 읽어보고 계약서도 여기저기 뒤져가며 공부했다. 그렇게 3년간 작업하다 보니 프로젝트의 윤곽이 잡히고 맥락이 머릿속에 들어오기 시작했다.

'와, 나 이제 정말 영업할 수 있을 것 같은데?'

하지만 상사 눈에는 여전히 내가 못 미더웠나 보다. 그의 미지근한 답변에 더 강한 제스처가 필요하다는 걸 깨닫고 대학원 진학을 결정했다. 내 나이 어느덧 30대 초반. 커리어 전환을 하려면 빨리 승부수를 띄워야 했다.

그리고 대학원을 졸업하던 해, 비서로 근무한 지 5년 후 본사의 승인을 받고 드디어 영업직으로 전환했다. 난 이미 충분히 똑똑하다는 건방진 믿음과 여기에서 결판을 내겠다는 인내심의 성공적인 합작품이다.

그 후 예상했던 대로 나는 영업이 천직이었고 새로운 자리에서 탄탄대로를 달렸다고 얘기하고 싶지만, 세상일이 어디 그렇게 술술 풀리던가. 영업으로 일한 첫해는 내 커리어 인생에서 가장 힘든 시기였다. 이미 끝난 프로젝트 내용을 숙지하는 것과 프로젝트를 내 손으로 끝내는 건 엄청난 차이가 있었다. 1년 동안 많은 사람에게 물어보고 거듭되는 실수에 사과하는 과정에서 이유 없는 자신감은 충분한 이유를 가지고 바닥으로 떨어졌다. 그때 깨달았다. 내가 그저 '하고 싶다'는 마음만 가지고 무작정 달려왔다는 것을.

하지만 이미 엎질러진 물 아닌가. 여기까지 와서 못 하겠다고 하는 건 자존심이 용서치 않았다. 그렇게 영업하고 싶다고 떠들고 다녔는데 알고 보니 내 그릇이 이 정도밖에 안 된다고 말하는 건 너무 '쪽팔리는' 일이었다.

그래서 버텼다. 두 달 가까이 가장 늦게 퇴근하고 휴가 중에도 나와서 일하고 가끔은 꿈에서까지 혼나는 악몽을 꾸면서도 내 건방짐의 체면이라도 지키기 위해 꾸욱 참았다. 게다가 내가 이제 와서 못 하겠다고 하면, 내 뒤의 후배들에게 누가 비슷한 기회를 주겠는가.

너무나 힘들었던 첫해가 지나고 두 번째 해가 끝날 때까지 업무 중에 숨이 턱턱 막히는 일이 종종 있었다.

"이런 것인 줄 알았더라면 영업하겠다고 절대 안 했다."

이 말을 몇 번이나 했는지 모른다.

하지만 지금 누군가가 10년 전의 나와 비슷한 고민을 하고 있다면? 아마 나는 "하고 싶은 것을 향해 덤비세요"라고 주저하지 않고 얘기할 것이다. 지금도 가끔 혼자 투덜거리긴 하지만, 나는 아직도 안 하고 후회하는 것보다는 해보고 후회하는 게 낫다고 생각한다. 사람은 가져본 후에야 놓을 수 있다.

만약 '그래서 네가 영업직 초반에 그 고생을 하지 않았느냐'라고 물으신다면? 음, 그래도 저 아직 살아 있잖아요. 하하.

관련 에피소드

(56화) (언슬조×마리끌레르) 슬기로운 커리어 업그레이드

지하철의 샤넬백, 사직서 그리고 용기

'프로이직러' 이 과장

아침에 눈을 뜨고 출근 준비를 하면서 오늘 하루도 무사히 지나가기를 바란다. 회사에 도착하면 밤새 온 이메일 체크로 하루를 시작하고, 반복되는 업무들을 기계처럼 끝낸다. 시간을 보며 오늘의 점심 메뉴를 고민하지만 결국은 최대한 줄이 없는 식당에 가서 밥을 먹고, 그 후 밥보다 비싼 커피를 마시며 점심시간을 보낸다. 길다면 긴 1시간 30분의 점심시간은 왜 이리도 휙 지나가는지.

점심을 먹고 들어오면 졸음이 밀려와 세상 무거운 눈꺼풀을 들어 올리지 못해 어찌할 바를 모를 때면, 나름대로 떳떳

하게 쉴 수 있는 구실로 담배를 피우러 나가는 남자 사람들이 부럽다. 잠을 이기고 꾸역꾸역 일을 하다가 5시가 되면 또 시간은 더디게만 간다. 한참 일했나 싶으면 겨우 10분 지났고, 퇴근 시간을 목 빠지게 기다리며 하루를 버틴다. 그나마 제때 퇴근을 한다면 참 행복한 일이다. 웬수 같은 상사가 자리를 지키고 있으면 눈치를 보며 같이 야근을 한다.

한편으로는 매일같이 반복되는 일상이 따분하고 지루하긴 하지만 별일 없다는 사실에 감사하며, 반복적으로 찾아오는 사표 충동을 억누른다.

처음부터 이랬냐고? 그건 아니었다. 비전과 성장 가능성이 있는 회사에서 내가 그토록 원하던 일로 전문성을 쌓을 수 있게 되자 행복해서 까무러칠 뻔하기도 했다. 쉼 없이 채찍질하던 일상에 안정감이 생기면서 여유라는 것도 누리게 됐고, '프로이직러의 생활을 이제는 청산하는구나' 확신했다. 그런데 그 감정이 시간이 지날수록 옅어져 다시금 인생무상을 되뇌고 있다.

어쩌면 고심 끝에 샤넬 백을 사서 메면 이런 기분일지도.

통 크게 질러서 막상 손에 넣고 나면 그 이상의 허무감이 따라 몰려오는 그런 상태. 숨 막히는 출퇴근길의 2호선 '지옥철' 속에서 티도 나질 않는 가방이 잘못 될까 애지중지하는, 막상 비싼 가방을 들고 갈 곳은 타인들의 결혼식 정도인 실상도 마음에 들지 않는. 회사생활도 그런 상태였다. 근본적인 무엇이 충족되지 않는다는 느낌이 사라지지 않는다. 회사에서 하고 싶은 일을 한들 이것이 인생에서 무슨 의미가 있나 싶어진다. 그리하여 업무 중에도 퇴근 후에도 '사표를 낸 다음 하고 싶은 리스트'를 써 내려가면서, 좀처럼 알 수 없는 이 마음이 사라지길 바라며 그렇게 하루를 보냈다.

사랑의 유효 기간처럼 회사와 일에 대한 애정의 유효 기간은 딱 1년이었다. 처음에 굉장히 좋아해서 만났는데 그 마음이 식으면 약간의 죄책감이 드는 것처럼, 회사에 이것도 저것도 아닌 상태로 다니는 것이 과연 옳은가 싶었다. 딱히 헤어질 이유는 없는데 그렇다고 좋지도 않은 마음으로 지지부진하게 유지하는 상태였다. 이렇게 나는 사표를 쓸 용기가 없어서 그저 출근하고 퇴근했다.

하지만 평범한 하루가 될 것 같았던 어느 오후, 점심을 먹고 들어와 드디어 사직서를 썼다. 그날 옆 부서 부장님과 점심시간의 대화가 미적지근하게 그만두고 싶은 나의 마음에 결정타를 안겨준 것이었다. 부장님이 이렇게 말했다.

"너는 일하는데 색깔이 보이지 않아, 무색무취야."

단어 하나하나가 내 귀로 들어와 마음에 콕콕 박혔고, 나를 둘러싼 것들이 갑자기 흑백으로 변했다. 나는 또렷한 자기 색깔을 가진 사람이 좋았다. 특히 일을 할 때는 더욱더. 그런데 무색무취라니. 때로는 주말까지 자진 반납하며 열정을 쏟아낸 이곳이지만, 있으나 마나 한 존재로 굳이 더 있어봤자 무슨 의미가 있나. 부품밖에 되지 못할 것 같다는 생각이 몰려왔다. 하루의 반 이상을 보내는 회사를 단지 그만두지 못해 다니면서 이런 소리를 듣고 있자니 소중한 시간을 낭비하고 있다는 생각이 들었다. 더는 사표를 내는 데 주저할 이유가 없었다.

돌이켜보면 여느 직장인처럼 회사를 그만둘 좋은 핑계와 자신을 설득할 만한 구실을 찾으려고 하루하루를 버틴 것 같다. 한편으로는 아무것도 정해지지 않은 상태로 회사를 그만둘 용기도 없었다. 어느 곳에도 소속되지 못한 불안감은 대학 졸업 후 취준생 신분일 때 넘칠 만큼 겪었기에 굳이 또 느끼고 싶지 않았다. 큰돈은 아니더라도 또박또박 들어오는 월급이 없어지는 것도 아쉬웠다. 이런 것들이 내가 사표를 내지 못한 이유다.

그러나 막상 회사를 그만두니 취준생일 때만큼의 불안감은 없었다. 회사를 안 다니면 내 존재감도 사라지고 큰일이 터질 줄 알았는데, 그런 일은 전혀 일어나지 않았다. 왜 그리도 나를 갉아먹는 시간들을 참기만 하고 있었는지. 고민하던 그 시간에 조금 더 일찍 그만뒀다면 그다음 내가 해야 할 일과 할 수 있는 일을 더 빠르게 알았을 텐데 말이다.

이렇게 회사를 잠시 쉬어도 별일은 일어나지 않았다. 과감하게 멈추고 진정으로 나를 돌보는 시간은 한번쯤 누구에게 필요한 시간이다. 그것을 애써 참아가며 부정할 필요는 없다. 우리는 이미 힘든 취업의 관문과 고된 직장생활을 통해 예전의 나보다 한 뼘 더 성장해 있기에 잠시 쉬어도 괜찮다.

관련 에피소드

(8화) **인생은 타이밍:**
직장, 버티는 시간과 떠나야 하는 순간에 대하여

회사를 떠나기 전에 유념해야 할 것

'롤마들' 김 부장

퇴사는 누군가에게는 실패를, 누군가에게는 꿈을 의미한다. 그런데 회사에서 잘려도 보고, 쉬어도 보고, 옮겨도 봤던 20여 년 직장생활을 떠올리노라면 중요한 사실을 되새기게 된다. 원하든 원하지 않든, 누구나 어느 순간에는 퇴사를 하게 된다는 사실이다. 그런데 대부분의 사람이 퇴사하기 전에는 놓치는 부분들이 있다.

10여 년 전 동문회에서 이야기를 하나 전해 들었다. 금융권에서 10여 년 일하다 헤지펀드에서 70억 원 정도를 인센티브로 당겨 나이 마흔도 되기 전에 화려하게 조기 은퇴한 A라는 선배 얘기였다. 주변에서 선망의 대상이 된 건 당연한 일이었다. 또래 친구들은 모두 기껏해야 차장 정도 직급으로 대기업에서 힘들게 일하고 있었던 반면, 그는 평일에도 골프를 치러 다녔고 수시로 해외여행을 떠나곤 했으니까. 은퇴 후 매일같이 친구들을 불러 밥과 술을 사고 돈도 썼다는 화려한 소문도 있었다. 그런데 은퇴 후 채 몇 년이 지나지 않아 A 선배의 소식이 끊겼다고 한다.

밥 사고 술 사준다며 친구들을 불러내며 지낸 것도, 이에 호응하며 친구들이 '놀아준' 것도 1년 정도였다. 다들 왕성하게 일할 나이였으니까. 바쁘다며 거절하는 친구들에게 그도 언제까지나 질척거리며 매달릴 용기는 없었던 걸까. 모임에도 잘 보이지 않고 나중엔 뭘 하는지 아무도 알 수 없었던 A 선배는 어느 순간부터 사회적으로 사라진 존재가 됐다. 한참 시간이 흐른 후는 연락도 안 되는 조기 은퇴자 친구를, 누구도 부러워하지도 떠올리지도 않았다.

친구 B의 아버지는 은행원이었다. 당시 은행원은 꽤 안정적인 직업이었고 그분은 지점장까지 하셨기에 모두의 부러움을 샀다. 은행 지점장은 어딜 가든 대접받는 존재였다. 하지만 퇴임하고 난 후엔 지점장 타이틀과 자신의 정체성을 함께 반납해야만 했다. 결국, 퇴직 후 심한 우울증과 함께 암에 걸려 세상을 떠났다는 소식이 들려왔다.

직장생활을 20년 가까이 하다 보면 비단 지인의 부모님뿐만 아니라 친구들이나 회사 동료의 테두리 밖으로 조용히 사라지는 사람들을 보게 된다. 30년 가까이 직장에만 충성했던 사람들, 회사의 권력이 나의 권력이라 믿었던 사람들, 회사의 가치가 나의 가치라 믿었던 사람들은 대부분 퇴사 후 심각한 정체성에 대한 고민, 사회적 자아에 대한 고민을 마주하게 된다.

사회적 공동체에서 나의 존재가 사라져간다는 것을 견딜 수 있는 사람은 많지 않을 것이다. 대부분의 직장인이 회사라는 굴레에서 자유로워지길 꿈꾸지만, 한편으론 망설인다. 단지 생계에 대한 걱정 때문만은 아닐 것이다. 막상 회사가 내 정체성의 중요한 일부로 자리 잡았을 때, 걷잡을 수 없이 커져 버린 사회적 정체성을 완전히 버리고 새로 무언가를 쌓기는 어려운 일이기 때문이다.

살다 보면 돈이 전부인 것처럼 느껴질 때도 있지만 돈이 해결하지 못하는 부분도 있다. 아무리 잘나가는 사람도 언젠가는 퇴사를 하게 되는데, 그때 회사의 이름과 직함 속의 내가 아닌 인간 '김○○'로 오롯이 서 있으려면 무엇을 준비해야 하나, 그런 생각을 종종 한다.

그것을 가장 뼈저리게 느낀 건 금융위기로 회사를 나가게 됐을 때였다. 세계적으로 유명한 금융사에서 임원으로 승승장구하던 나는 종종 강연 의뢰를 받곤 했다. 신문이나 잡지에서 글을 기고해달라는 요청도 있었고, 어느 모임에서 만난 외국 화장품회사 관계자가 피부가 좋다며 '잘나가는 커리어우먼의 하루'에 대한 잡지 광고를 찍어보지 않겠느냐는 제의를 한 적도 있다.

그런데 내가 금융 업계를 떠난 직후 그런 요청들은 애초에 없었던 것처럼 쑥 들어가 버렸다. 경력 증명서에 화려한 경력으로 남았던 회사 이름들의 명성은 내 것이 아니라 회사의 것이었다. 사람들의 숱한 관심 중에 나 김○○라는 '사람'은 어디에도 없었다. 내가 잘나가는 위치에 있을 때, 회사에 기대지 않고 나만의 브랜드를 만들어야 한다는 생각을 왜 미처 못 했을까?

'어디 회사의 누구'라는 이름은 회사 밖의 나를 절대 지켜주지 못한다. 명함의 직함에 기대지 말라. 김○○라는 이름으로 브랜드가 될 수 있는가? 회사에 속해 있을 때야말로 나라는 사람을 더 아끼고 키워야 할 때다.

관련 에피소드

〔19화〕 **사람 or 돈, 퇴사 후 당신의 필수품은? (ft. 프로백수 박 PD)**

"내가 월급 없이 살아봐서 아는데"

'프로백수' 박 PD

"회사를 떠나려면 저축이든 퇴직금이든 반드시 두둑이 챙겨서 떠나시라. 전세대출도 잊지 말고."

퇴사를 꿈꾸는 사람들을 만날 때마다 내가 하는 말이다.

그런데 나는 '퇴사 준비생'이었던 적이 없다. 애초에 회사에 다닌 적이 없으니까. 나는 월급이란 걸 받은 적이 없다. 15년간 영화 스태프로, 알바로, 프리랜서로 오로지 불안정한 직장만 떠돌았으니까. 회사생활을 숨 막혀 하는 직장인들 혹은 막연히 퇴사 이후를 그려보는 직장인들이 '과연 회사를 떠나도 될까'라는 질문을 간혹 던지곤 한다. 이 질문에 대해 내가 말할 수 있는 건 없지만, 적어도 월급이 없는 삶이 어떤지는 이야기할 수 있다.

재작년에 의뢰가 들어왔던 300만 원짜리 일거리는 사드 배치에 중국이 화가 났다는 뉴스와 함께 증발했다. 겨울에 들어왔던 500만 원짜리 일거리는 제작사의 사정으로 엎어졌다. 프리랜서에게는 종종 있는 일이라 슬프지도 아프지도 않지만, 이렇게 나의 의지와 관계없이 일에 공백이 생기면 꼬박꼬박 나가는 월세, 리볼빙 카드값, 공과금과 돈벌이 사이에 틈이 생긴다. 이런 틈이 여러 번 쌓이면 빚이 되고, 빚은 야금야금 커져 급기야 이자 나가는 속도가 빚 갚는 속도를 따라잡아 버린다.

회사에 다니는 사람들이 부러울 때가 그런 때다. 부지런히 빠져나가는 고정지출만큼만 차곡차곡 들어오는 돈이 있었으면 좋겠다. 전세대출이 필요할 때 대출 창구에서 거절당할 두려움 따윈 없었으면 좋겠다. 돈보다 자유가 중요한 나도 이 사실만큼은 무시할 수 없다. 누구라도 퇴사를 우습게 볼 수 없는 이유, 회사의 월급이 중요한 이유는 그것이 단순한 '돈'이 아니라 '꼬박꼬박 들어오는 현금흐름'이기 때문이다.

하지만 현금흐름이라는 밧줄을 붙잡지 않고도 나는 지금껏 살아왔다. 우당탕탕 시행착오를 거치며 조직 없는 삶을 15년씩이나 살아오고 나서야, 내가 살 수 있었던 힘이 무엇인지 깨달았다. 그것은 사람이었다. 회사에 다니지 않고 일이 없을 때는 통장에 돈 대신 시간이 쌓인다. 그 많은 시간을 다른 사람들과 함께하는 데 썼다. 의미 있는 프로젝트에 참여하고, 영화를 찍고, 거리 운동에 동참했다. 나는 다른 이들이 쓰러지지 않게 도왔고, 다른 이들이 내가 쓰러지지 않게 도왔다. 밥줄이 끊길 만하면 누군가가 손을 내밀고 일을 주었다. 내가 알게 된 수많은 사람이 일을 끊임없이 물어다 주었고 한번 연결된 다리는 또 다른 다리로 이어졌다. 돈이 되지 않는 일을 하면 그것은 언젠가 돈이 되는 일로 돌아왔다. 오랫동안 불안정한 삶을 이어오다 보니 이런 삶이 가능하다고 믿게 됐다. 바로 사람 덕에.

내가 회사 바깥의 삶을 살아갈 배짱이 있었던 까닭은 사람이다. 돈 빼고 다 있다고 감히 말할 수 있는 까닭은 네트워크다. 집과 펀드만이 자산은 아니다. 대부분의 사람이 생각지 못하고 놓치는 자산이 바로 사람과 시간이다.

신 차장은 체력을 자산으로 삼으려 했다. 김 부장 언니는 공부를 자산으로 삼으려 했다. 문 대리는 딴짓을 탈출구로 삼으려 했다. 이 과장은 나만의 힘을 찾는 중이었을 것이다.

나이가 들어서 또는 퇴직 후 새로운 일을 시작할 수 있을까? 과감하게, 어차피 모두가 새로 시작해야 한다고 말하고 싶다. 내가 비싼 장비와 고급 기술로 해오던 영상 제작은 지금은 손바닥만 한 기계로 누구나 할 수 있는 일이 됐다. 3년 동안 공부한 것을 2년도 써먹지 못하는 시대가 됐다고 감히 말하고 싶다.

정말 내가 월급 없이 살아봐서 아는데, 월급 없으면 힘들다. 하지만 사람이 있으면 굶어 죽진 않는다. 돈이 없으면 사람이 있어야 한다. 사람이 없다면 돈이 있어야 한다. 돈이든 정체성이든 공동체든, 내가 가장 포기하기 어려운 바로 그것을 회사에 있을 때 만들어두길 권한다.

관련 에피소드

(19화) **사람 or 돈, 퇴사 후 당신의 필수품은?**
(ft. 프로백수 박 PD)

같이 일하는 동료 때문에 너무 힘듭니다

Q 팀에서 유독 한 명 때문에 너무 힘들어요. 성향도 안 맞고, 같이 일할 때마다 상대를 무시하고 선을 넘는 행동을 많이 해요. 예를 들어 이 일정에 이 작업은 무리라는 걸 아는데 내가 피해 보는 건 용납할 수 없으니 어떻게든 맞춰달라는 식이에요. 자신이 기대한 만큼 일이 진행되지 않으면 짜증을 지나치게 표현하고 상사에게 바로 고자질을 합니다. 같은 팀 동료들도 같은 심정이라 다 같이 상사에게 힘든 부분을 이야기했지만, 정작 돌아온 답변은 "이 사람이 조금 예민해서 그러니 너희가 이해를 해야 한다"는 거였어요. 동료분은 무시하는 게 답이라고 하는데 저는 그게 잘 안 되고 화가 많이 납니다. 앞으로 어떻게 해야 할까요?

- H 님.

(위 내용은 익명의 사연을 각색했습니다. 사연을 보내주신 'H' 님께 감사드립니다.)

이 과장 얼마 전에 만났던 친구도 같은 상황이었어요. 이런 동료와 같이 일했던 친구인데, 친구가 동료에 대해서 상사에게 불만을 이야기하자 "원래 그런 사람이니까 너희가 맞춰줘"라는 답변이 돌아왔다고 해요. 상사가 해결해주지 않자 이 친구는 그 동료에게 대항했어요. 맞짱을 뜬 거죠. 그런데 이게 양 같은 애가 늑대한테 대드는 상황이었던 거예요. 친구가 버텨내지 못하고 회사를 그만뒀어요. 그 친구는, 그동안 동료를 미워하고 대응했던 에너지를 자기 커리어를 쌓는 데 더 쓸 걸 그랬다고 해요.

문 대리 너무 안타깝네요. 사실 불편한 사람을 만났을 때 방법은 세 가지로 나눌 수 있는 것 같아요. 구조를 바꿀 수 있느냐, 나를 바꿀 수 있느냐, 타인을 바꿀 수 있느냐. 그런데 셋 중 가장 쉽게 할 수 있는 방법이 '나'를 바꾸는 거예요. 그러려면 내가 화가 나는 포인트를 찾아야 하는데요, 분명히 화가 나는 지점이 따로 있을 거예요.

이 과장 맞아요. 내가 용납하기 힘든 부분이 있을 거예요.

문 대리 예를 들어 상대가 무리한 일정을 요구한다고 해봐요. 내 생각에 그 일정을 맞추려면 내가 초과 근무를 해야 하고 내 일정에 차질을 빚는 거죠. 이럴 때 화가 나는 포인트는 '타인 때문에 내 일정이 틀어지는 것이 싫다'라는 자기만의 기준이죠. 이런 화가 나는 기준을 찾으셔야 해요. 그래야 그 화가 나는 기준을 건드려도 '내가 이 부분 때문에 민감해서 화가 나는구나. 그래, 내 일정을 조금 포기하고 스트레스받지 말자'가 되는데 지금 화가 나는 포인트를 본인이 못 잡고 계신 것 같아요.
대부분의 사람은 진상 행위를 한 그 사람 때문에 화가 난다고 생각하지만, 사실 상대가 어떻게 행동해도 화를 내는 건 내 선택인 거예요. 화를 내든, 웃어주든, 이해를 하든, 씹어버리든 이건 사연 보내주신 분의 자유인 거예요. 그래서 일단 반응에서만큼은 내가 선택권을 갖고 있다는 걸 깨닫고 화가 나는 부분을 컨트롤하셔야 해요.

김 부장 완전 심리학자인데?

문 대리 안 그러면 계속 그 사람한테 휩쓸리니까요. 나를 더 아껴야 하는 시간을 저 사람 때문에 열 내다가 소모해버리잖아요. 하지만 두 번째로, 물론 타인을 바꾸는 방법도 있어요.

이 과장 바꾸기 힘들어요. 섣불리 하다가는 자신이 더 고갈되더라고요.

문 대리 절대 섣불리 하시면 안 돼요. 이런 경우에는, 더 그렇죠. 그 방법이 뭐냐면, 기록을 하는 거예요. 다 쓰는 거죠. 상대방이 한 행동과 스트레스를 받던 지점을 날짜와 시간까지 다 기록하세요. 스트레스가 너무 많이 쌓였는데 상사에게 이야기할 타이밍에 막상 말하려면 기억이 안 나는 경우가 많잖아요? 제대로 진술이 안 되는 경우가 많아요. 남들 보기에는 고작 그런 걸로 스트레스를 받았나 싶지만 그 작은 것들이 쌓여서 사람 미치게 하는 경우가 진짜 많거든요. 그런 기록을 혼자만 하지 마시고 공감해주는 다른 동료들과 함께 작성해

서 6개월이고 1년이고 데이터를 많이 모으세요. 그런 다음에 인사팀이나 상사에게 가는 거죠. 인사팀에서도 증거가 확실하기 때문에 아예 덮어버리기는 쉽지 않고, 상대방에게 제재를 가할 충분한 명분이 생겨요. 그러면 최소한 상대방과 일을 분리하거나 어떤 조치를 회사 측에서 해줄 거예요.

김 부장 네, 사실 우군이 많으면 이건 어려운 게임이 아닐 수도 있어요. 회사의 규모를 잘 모르겠지만, 어느 정도 규모라면 인사 평가 시스템이란 게 존재하니까요. 제가 아는 후배도 큰 기업 인사팀에 있는데, 좋은 회사들에서는 예를 들어 여러 팀원이 안 좋은 팀장에 대해 보고를 한다고 해봐요. 그러면 실제로 그 팀장의 고과가 깎이기도 하거든요. 팀장들 중에서도 하위 10퍼센트가 되면 경고가 들어가고 아주 극단적으로 가면 권고사직이 들어가기도 해요. 하지만 앞서 이야기했듯이 회사의 분위기가 중요합니다. 집단 항명이 잘못되면, 도리어 본인이 회사를 나가게 되는 상황이 벌어질 수도 있어요.

이 과장 맞아요. 어떤 상사 밑의 사람들이 많이 나가면 그 상사의 고과가 많이 깎이죠. 만약 어떤 한 사람 때문에 다들 일을 못 하겠다고 하면서 그만둘 태세를 취하면 위에서도 이 사람을 마냥 감쌀 수는 없거든요. 진정한 우군이라고 생각하시는 분들과 조금 길게 보세요.

김 부장 이건 회사의 분위기나 규모에 따라서도 달라져요. 정말 이상한 팀장이 뭘 해도 안 잘리는 기업들도 생각보다 많아요. 좋은 회사라면 정당한 평가가 들어가겠지만, 이렇게 회사에 어필하는 극약처방 외에는 사실 무시하는 게 답일 수도 있어요.

이 과장 하지만 무시를 못 하는 사람이 대부분이에요. 그래서 힘들어하는 거죠.

문 대리 내 욕구를 이해하지 못하기 때문에 무시가 안 되는 거예요. 그러니까 내가 갖고 있는 욕구를 이 얄미운 사람이 자꾸 건드리는데 그걸 본인이 이해를 못 하면 무시가 안 돼요. 나는 분명히 이게 맞다고 생각하는데, 이런 게 계속 걸릴 거예요. 상대방한테 하고 싶은 이야기를 한번 쭉 적어보세요. 나는 네가 이래서 싫다. 쌍욕이든 스스로 찌질해서 부끄러운 이야기든 일기처럼 다 쓰는 거예요. 그걸 읽다 보면 알게 되거든요. '아, 내가 사실은 이래서 얘를 싫어했나? 내가 이 사람의 이런 지점을 싫어했나?'

이 과장 맞아, 맞아요. 대부분 싫어하는 사람이 회사에 있으면 이 사람이 그냥 자리에서만 일어나도 싫고 내 근처에만 와도 싫고.

김 부장 옆에 걸어가기만 해도 싫고.

문 대리 말만 해도 싫고 모든 게 신경 쓰이거든요. 사실 알고 보면 싫은 이유가 분명히 무의식중에 있어요. 그걸 이해하면 감정이 훨씬 차분해져요.

이 과장 덧붙이고 싶은 게 있어요. 이번 사연 보내신 분도 그랬지만, 이상한 사람인데 상사가 예뻐하는 경우가 있잖아요. 상사가 되면 나쁜 소리, 쓴소리, 남이 듣기 싫은 소리를 해야 해요. 그러다 보니 외로울 수밖에 없고. 이 부분을 잘 파고들면 상사를 내 편으로 만들 수 있어요. 그 방법이 값비싼 선물을 준다거나 어려운 것이 아니고, 상사의 마음을 헤아려주는 거예요. 상사가 원하는 무언가를 알아챘다거나, 긁어준다거나 하소연할 때 잘 공감해주기만 해도 호감을 얻을 수 있어요. 상사와 유대관계를 잘 쌓아서 내 편으로 만들면 동료에 관한 문제를 상담할 때 조금 더 수월할 수 있죠.

김 부장 좋은 말씀입니다. 문 대리님이 말씀하신 대로 구조를 바꾸거나, 타인을 바꾸거나, 나를 바꾸는 세 가지 방법을 적절히 동원해서 해결책을 찾아보시기 바랍니다. 누군가를 싫어하고 대처하는 데 에너지를 너무 많이 소모하기에는 우리 인생이 너무 아까우니까요. 힘내십시오.

Q 일 못하는 동료 때문에 너무 많은 일을 떠안게 됩니다. 저는 일을 잘한다는 소리를 듣는 편입니다. 그런데 같이 일하는 동료가 일을 너무 못합니다. 센스가 없습니다. 그래서 상사도 동료에게는 단순한 잡일만 줍니다. 결국 동료는 도움이 안 되는 잡일만 처리하고 중요한 일은 제가 혼자 다 하고 있습니다. 그러다 보니 밀려드는 일 때문에 번아웃이 올 정도로 스트레스가 쌓여갑니다. 하지만 상사분은 동료를 해고할 생각이 없어요. 안쓰러워서 차마 자르지 못하고 안고 가겠다는 입장입니다. 항의하면 저만 나쁜 사람이 되는 것 같고 너무 힘듭니다. 어떻게 해야 할까요?

- 미도리 님

(사연을 보내주신 '미도리' 님께 감사드립니다.)

김 부장 저는 한편으론 일 못하는 동료를 끌어안고 가는 상사가 답답하지만, 솔직히 상사의 입장이 어떤지 조금 알 것 같아요. 보통 회사라는 곳이 무궁화호를 만들거나 우주 비행을 하는 로켓을 쏘아 올리는 곳이 아니잖아요? 아주 완벽하고 똑똑한 사람들만 원하는 조직은 무척 드뭅니다. 보통의 회사는 일반적인 일을 처리하는 곳이기에, 아주 똑똑한 사람부터 평범하고 일에 다소 서툰 사람까지 다양한 사람이 있기 마련이죠. 대부분의 조직은 일 잘하는 사람들만을 위해 존재하지 않거든요. 때로는 부족하고 아프고 다친 사람이 있어도 다 같이 끌고 가야 하는데, 미도리 님의 상사가 그런 입장을 취하고 있다고 봅니다. 다만 심각한 상황을 몇 년 동안 지속해왔다면 문제가 있겠지요.

신 차장 저는 가장 맘에 안 드는 게 상사의 대처입니다. 미도리 님이 스트레스받는 것도 알고 일을 열심히 하는 것도 아는데, 위로해주는 방법이 그냥 "너는 착한 사람이야, 착한 사람이니까 참아줘"라는 말밖에 없는 거예요. "네게 더 나은 대우를 해줄게"라든가 하다못해 "승진시켜줄게" 같은 약속을 해줄 순 없는 건지 답답합니다. 물론 승진시켜주겠다는 말은 정말 의미가 없지만, 마음의 위로라도 받잖아요. '내가 이 사람에게 능력은 인정받고 있구나' 하는 생각이 드니까요. 그런데 이 상사분은 "재가 나가면 어디 가서 일하겠니, 불쌍하잖아. 네가 참아줘. 네가 내 입장이라면 어떻겠니?" 하고 하소연만 하고 있는 것 같아요. 전 미도리 님이 여기서 얻는 게 뭔지 모르겠어요.

김 부장 하지만 조직은 절대로 '일 못하는 사람의 월급을 깎아서 너에게 줄게!' 이런 식으로 대처해주지는 않습니다.

신 차장 네, 하지만 온정에만 어필하는 건 최악의 해결책이거든요. 연인 관계도 동정심이나 연민에 바탕을 둔 관계가 최악이에요. 왜냐하면 정말 필요할 때 벗어날 수가 없거든요. 죄책감을 자극하니까요.

김 부장 물론 미도리 님의 입장에서 굉장히 답답하고 스트레스를 많이 받을 겁니다. 저는 연구보조원 일을 할 당시 비슷한 상황이 있었는데 결국 회사를 옮겼습니다. 어차피 일 못하는 다른 사람도 조직에서 끌고 갈 거라고 판단한 거죠. 만약 미도리 님이 이런 상황을 견딜 수 있다면 조직을 이해하고 버티는 것이 답일 것 같은데요. 하지만 이게 너무 부당하다고 생각하고, 이곳을 벗어나 훨씬 더 나은 대우를 받을 수 있다면 이직을 하시는 게 맞는다고 봅니다.

신 차장 저도 본인의 정신건강을 위해서라도 이직을 하시라는 데 한 표 던집니다.

이 과장 저는 조금 생각이 다릅니다. 번아웃도 오고 무기력한 상태라고 하시는데, 이대로 이직을 해서는 근본적인 부분이 치유가 안 될 것 같다는 생각이 들어요.

저는 이 상황을 상사분께 더 자세히 말씀드리는 게 좋을 것 같아요. 개인적인 입장이 아니라 팀의 입장을 어필하는 거죠. '내가 지금 번아웃 상태이고 나도 상황이 무척 좋지 않다. 그만두고 싶을 정도로 힘들다. 이렇게 되면 팀 전체의 입장에서도 안 좋지 않으냐. 내가 이토록 힘들다는 걸 알아줬으면 좋겠다.' 이런 식으로 말을 꺼내보는 건 어떨까요? 왜냐하면 "네가 말 안 해서 몰랐어" 하는 상사분들도 있거든요. 중요한 건 내가 지금 버겁다는 사실을 알려야 한다는 거예요.

신 차장 네, 그런 식으로 표현하는 것도 필요한 상황이에요.

김 부장 맞아요. 의미가 있을 것 같아요.

문 대리 업무를 분배받을 때 본인이 선을 그으셔야 할 것 같아요. 일을 받을 때 '나 이거 못 받는다. 저쪽에서 충분히 처리할 수 있는 일 아니냐' 하고 이야기할 수 있는 부분이 분명 있을 거거든요.
한편으로, 옆의 동료분이 "힘들죠?"라고 말할 때마다 굉장히 얄미운 기분이 들 거예요. 그 마음 때문에 또 힘드실 테고요. 저는 차라리 동료분과 상사분께 화를 내는 걸 추천해요. 감정적으로 화를 내는 게 아니라 부당하다고 생각하는 부분을 평소에 동료와 상사분에게 이야기하시는 거예요. 계속 쌓여만 가다가 감정적으로 폭발해버리면 오히려 어필하기 어려워지거든요.

이 과장 맞아요. 자꾸 좋은 사람으로 남으려 하기보다는 화도 내시는 게 좋아요. 부탁을 다 받아주면서 끙끙 앓다 보면 나중에 병 돼요. 참다가 폭탄이 터질 수도 있고요.

신 차장 분노하세요. 문 대리님 말씀처럼 분노하세요, 미도리 님.

김 부장 먼저 상사에게 어필하는 게 좋은 방법 같습니다. 그리고 상사에게 어필할 땐 그 상사분이 어떤 사람인가, 평소 조직의 분위기가 어떤가를 살펴야 해요. 직원들을 능력에 맞게 처우하는 상사나 조직이 있는 반면, 조화나 화합을 절대적으로 우선시하는 상사나 조직도 있거든요.

이 과장 네, 조직의 분위기나 상사의 성향을 잘 살펴서 말하는 연습을 하시면 좋을 듯해요. 결론은 무조건 이직부터 선택하기보다는 상사한테 먼저 이야기를 하셨으면 좋겠다는 거예요. 그래도 바뀌는 게 없다면 그때 이직을 선택하셨으면 좋겠습니다. 조직이란 곳이 잘하는 사람 못하는 사람 다 끌고 가는 곳이긴 하지만, 내가 힘들면 팀도 힘들어지지 않을까요? 부디 상사분께 잘 어필해서 좋은 결과 있으시길 바랍니다.

일단, 나부터 챙깁시다

6장

버리지 않으면 얻을 수 없는 것들

'프로이직러' 이 과장

첫 이직을 결심했던 회사에서 나의 업무는 '커피 & 카피'였다. 윗분의 손님이 오면 웃으면서 차와 커피를 내어주고 그들이 가면 수북한 잔들을 씻었다. 그리고 주간회의 자료를 카피하고 취합해서 회의실에 올려놓았다. 하지만 정작 나는 그 회의에 참여하지 못했다. 남자들만 들어가는 주간회의 모습을 밖에서 덩그러니 앉아 바라봐야 했는데, 그건 너무나 가혹한 일이었다.

"회사에 와서 차 심부름 한다고 해서 너무 기분 나빠하지 마. 난 처음에 회사 와서 한 일이 책상 자리 배열하고 정수기

물통 갈기였으니깐."

사수의 위로와 같은 조언을 들으며 나아지는 순간이 오기를 기다렸다. 그러나 그럴 기미가 보이지 않았다. 1년이 지났는데도 나의 주 업무가 명확하게 없었고, 여전히 '여직원의 일'로 보이는 일들만 했다. '싹싹함'이 여직원의 업무 평가 기준일 만큼 일다운 일을 할 기회가 없었다. 남자 신입 사원은 오자마자 영업을 배웠으나 나는 여전히 우체국에 가서 소포와 우편물을 부쳤다. 잡일이 아니라 업무로 경력을 쌓으며 인정받고 싶었다. 지금처럼 계속된다면 성장하지 못한 채로 모호하게 시간만 흘려보낼 것 같았다.

어느 날 우체국 화장실에서 쪼그려 앉아 눈물을 흘리면서 결심했다. 다른 길을 찾아보는 것이 상책이었고, 그렇게 아주 막연한 생각으로 이직을 결심했다.

1년이 넘는 경력이 생기면 나를 반겨주는 곳이 전보다 많을 줄 알았는데 현실은 냉정했다. 주말이 되면 녹초가 된 몸을 이끌고 이를 악물며 학원에 다니고 동영상 강의를 들으며 취득한 자격증들도, 그간 울면서 참아냈던 일들을 자기소개서에 승화시킨 것도 모두 무의미했다. 이렇다 할 업무 없이 보낸 1년이라는 회사생활이 서류 탈락의 주된 이유였을지도 모르겠다. 1년을 허송세월로 보냈다는 생각이 들자 마음이 헛헛해졌고, 이를 채워주는 것은 먹는 것이었다. 탈락의 순간이 올 때마다 허해졌고 그럴수록 더 맛있는 것을 찾아가며 낮아지는 자존감을 채웠다. 자연스레 탈락과 비례하여 몸무게는 차곡차곡 늘어갔다. 그래도 아랑곳하지 않고 떨어질 때마다 더욱 가열차게 맛집에 몰두했다.

하지만 회사에서 깊은 짜증과 분노가 찾아왔던 그날, 괜찮기만 했던 내 모습이 한심스러움으로 변주되면서 나는 '우주 최강 무능력자'가 됐다. 도저히 안 되겠다 살이라도 빼자 싶어 그날 저녁 동네를 달렸다. 고작 한 바퀴를 돌았을 뿐인데 숨이 거칠게 몰아쳤다. 어쩔 수 없이 놀이터 의자로 터덜터덜 걸어갔다. 털퍼덕 앉아 '내가 그렇지, 뭐' 하며 애꿎게 발밑의 모래를 뒤적이다 손으로 모래를 한 움큼 잡았다. 꽉 쥔 주먹 안에 가만히 있을 것 같았던 모래들이 손가락 사이로 스르르 빠져나갔다. 빠져나가지 못하게 더 힘껏 움켜쥘수록 더.

문제는 갈피를 잡지 못하는 나의 마음가짐이었다. 비록 제대로 된 일은 없었지만, 어찌 보면 다니기 편한 직장이었다. 하는 일보다는 많은 급여를 주었고, 안정됐고, 애초에 여직원에게 기대가 없어 성과에 대한 스트레스도 없었다. 상사와 동료도 좋은 사람들이었고, 답답한 상황에 욱하고 올라오는 짜증만 잘 넘겨내면 또 견딜 만했다.

그렇게 나는 온도가 서서히 올라가는 냄비 속 개구리처럼 불만이었던 환경에 이미 익숙해져 버린 것이다. 나도 모르게 지금의 회사가 갖고 있는 장점은 디폴트값이 됐고 누구나 들으면 아는 회사의 이름, 더 높은 급여, 괜찮은 복지 등을 목록에 올려놓고 계산기를 정신없이 두드렸던 것이다. 하지만 움켜쥘수록 빠져나가는 모래알이 내 머릿속을 떠나지 않았다.

'내가 지금 갖고 있는 모든 걸 갖고 가는 건 어렵겠구나, 결국에는 다 가질 순 없고 무언가 내어주는 것이 있어야 얻는 것이 있겠구나.'

그렇게 하나를 버리고 다른 하나를 택했다. 내가 배우고 싶은 일, 하고 싶은 일을 할 수 있는 곳에 우선순위를 두고 다음 직장을 선택했다. 계약직이었지만, 똑똑하고 능력 있는 사람으로 성장하는 것이 더 중요했다.

그렇게, 갈망하면서도 막연하기만 했던 첫 이직을 했다. 내가 한 업무를 3개월마다 정리해보니 무엇을 하고 있는지 드디어 보이기 시작했다. 그리고 '어떻게 하면 일을 잘할까', '일을 잘하는 것이 무엇일까'라는 생산적인 고민의 답을 찾아가는 과정에서 성장하고 있음을 만끽했다. 하지만 그것이 전문성을 가져다주는 것은 아니었다. 그 마음이 드는 순간 전문성이 최우선이 됐고 그것을 정조준하여 차곡차곡 준비했더니 자연스레 커리어가 확장됐다.

이렇듯 이직을 할 때마다 업무, 회사 분위기, 급여, 전문성 중에서 나만의 우선순위를 정해 하나씩만 챙겼다. 다섯 번의 이직을 거치자 나의 데이터로 쌓였고, 그것이 나만의 궤도가 됐다. 그러자 나를 오롯이 바라볼 수 있게 됐다. 결국은 그 모든 것이 나를 알아가는 과정으로 수렴됐다. 어떻게 그렇게 이직을 하느냐고 사람들이 물을 때면, 나는 주저 없이 말한다. 정답은 없지만 그때마다 불필요한 것들을 과감히 버릴 수 있는 용기가 필요하다고.

관련 에피소드

〔21화〕 청계천 잡지소녀에서 여의도 차도녀까지: 이 과장의 여전히 어려운 인생

번아웃이 내게 가르쳐준 것

'대리끼리 대동단결' 문 대리

입사한 지 3년 정도 됐을 때의 일이다. 남들도 많이 먹는다고 하고, 나도 꽤 회사를 다녔으니 한약으로 몸을 좀 챙길까 싶어 한의원을 찾았다. 엄마의 단골 한의원으로, 웬만큼 아프지 않으면 보약을 지어달라고 해도 지어주지 않는 곳이었다. 그런데 의사 선생님이 걱정스러운 눈빛으로 한약을 지어주시는 게 아닌가. 충격이었다.

'아, 몸이 이렇게 안 좋았나? 이렇게 몸이 안 좋은 줄도 몰랐다니.'

나 스스로에 대해 정말 무디다는 자각을 비롯해 오만가지 생각이 교차했다.

시간을 거슬러 올라가 눈빛이 반짝하던 신입 시절, 부서엔 일이 넘쳤고 사람은 없었다. 그러니 너무나 바쁜 과장님은 신입인 나에게까지 대리급 프로젝트를 막 던졌다. 멋도 모르고 스스로 능력이 있어서 많은 일을 받았다고 착각하며 의욕적으로 일했다.

일의 절대적인 양이 많아서 평일에는 밤 10시를 넘겨 퇴근하는 게 일상이었고, 주말에 출근하는 일도 다반사였다. 매일 하는 야근도 너무 익숙해져서 힘들다는 자각조차 없었다. 야근이 일상이 되면 일도 늘어지기 마련이다. '어차피 저녁에 하면 되니까' 하는 마음으로 일을 미루게 되고, 퇴근은 늦어지고, 건강은 나빠지고, 일은 비효율로 치달았다.

거기다 첫 번째 프로젝트에서는 정말 아무것도 모르는 초짜였기 때문에 이리 치이고 저리 치였다. 잘 해결해보려고 안간힘을 썼지만, 한계에 부딪히기 일쑤였다. 칭찬이라도 받았으면 마음이 좀 나았을까. 영업팀으로부터 계속 컴플레인을 받고, 욕먹고, 까이다가 프로젝트가 끝났다. 두 번째 프로젝트는 첫 번째의 실수를 만회하고자 눈에 불을 켜고 일했다. 업무 디테일에 완벽을 기하려고 애썼는데, 현장에서는 또 문제가 빵빵 터졌다. 그렇게 애를 써도 문제가 해결되지 않는다는 생각을 하니 그동안의 내 노력이 헛되다고 느껴졌다.

그 후 세 번째 프로젝트를 끝냈지만 무기력감은 지속됐다. 출근해서 자리에 앉아 있는데 계속 멍했다. 지난 공사 정산하는 일 말고는 다른 일도 없었다. 정산을 호로록 끝내고 탱자탱자 놀면 되는데도 일이 손에 잡히지 않아 이러지도 저러지도 못한 채 며칠째 제자리걸음이었다.

한약을 짓고 집에 돌아와서 가만히 누워 생각했다. 왜 이 지경까지 왔을까. 스스로 너무 못나 보이고 뭘 해도 안 될 것 같다는 기분에서 벗어나기 위해 잘나갔던 경험, 잘했던 경험을 찾아봤다. 입사 뒤 처음 있었던 사내 교육에서, 모형을 조립하는 데 두각을 나타내 많은 칭찬을 받았다. 사내 워크숍에서 열심히 하는 모습이 보기 좋다며 MVP로 선정되었다. 열정이 넘쳐서 누가 시키지 않아도 일을 찾아서 했었다. 그때를 생각하니 지금의 무기력한 모습이 믿기지 않을 지경이었다.

'그래, 난 그렇게 열정 넘치는 사람이었어.'

돌이켜보니, 몸을 생각하지 않고 과하게 일한 것이 문제였다. 젊음을 무기로 밤낮없이 일에 매달렸다. 높은 책임감 탓에 건강을 챙기는 것보다 과제 완성이 우선이었고, 성취욕구가 높으니 자신을 채찍질하기 일쑤였다. 독립심이 강했고 주변에 도움을 줄 만한 사람도, 여유도 없었기 때문에 더 혼자 고립됐다. 거기에 더해 경쟁 사회, 타인을 의식하는 삶에서 뒤처질 것 같은 기분이 몸을 조금도 쉬지 못하게 했다. 인센티브가 있는 것도 아니고 누구 하나 잘하고 있다고 칭찬해주는 사람도 없었다. 지나치게 원대한 목표를 설정했기 때문에 도달하려고 아무리 발버둥 쳐도 도달할 수 없는 게 당연했지만, 그게 당연하다는 걸 인정하기까지 너무 오랜 시간이 걸렸다.

이 상황을 벗어나기 위해서 찾은 방법은 큰 욕심을 버리고 작은 것부터 하나씩 하기였다. 너무 거대하면 엄두가 안 나서 움직이기 싫기 때문에 이뤄야 하는 것이 있다면 최대한 잘게 쪼개서 적는다. 예를 들면 아침에 설계 기안지를 써야 한다면 '설계 기안지 작성'이라고만 쓰지 않고 '1. 견적 뿌릴 제안서 작성, 2. 업체 연락 돌리기 세 곳, 3. 제안서 이메일 발송, 4. 견적서 접수 확인, 5. 견적서 취합, 6. 기안지 작성, 7. 상사 보고, 8. 기안지 수정, 9. 결재 상신' 이런 식으로 쪼개어 쓴다. 한 개를 아홉 개로 늘려서 쓰면 그때그때 해야 할 일이 명확해지고, 하나하나 해치울 때마다 게임 퀘스트를 깨는 것처럼 희열을 느끼게 된다.

회사 밖의 일상에서도 무언가 새로운 게 필요했다. 번아웃의 원인 중에는 일에서 오는 과도한 스트레스, 일에 대한 과도한 몰입이 있었다. 일이 많다 보니 일상의 안정은 뒤로 밀리기 일쑤였고, 취미나 친구들과의 사소한 만남이 격무에 밀려 점차 흐릿해지다 보니 남는 시간에도 공허함을 느끼곤 했다.

일 외에 나에게 성취감을 줄 수 있는 것이 필요했다. 여기서도 작고, 즉시 실행에 옮길 수 있는 것을 찾았다. 작아도 나를 채워줄 수 있는 것 말이다. 그런데 그게 무엇인지를 알 수 없었다. 그래서 자기계발서를 읽고 독서 모임에 나가기 시작했다. 처음에는 독서 모임을 하는 사람이라는 타이틀만으로도 허영심이 채워져 기분이 좋았다. 지적인 활동을 하면서 새로운 호기심을 채우는 것이 기분을 좋게 한다는 것도 알게 됐다. 나에게 성취감을 주는 것을 하나둘 찾아가고, 일과 일상 간의 균형이 맞아갈 즈음 '내가 괜찮아지고 있구나' 하는 생각이 들었다.

마음이 조급하고 초조해서 번아웃이 온 것이기 때문에, 번아웃을 단숨에 없애고 싶어 하는 경우가 많다. 하지만 번아웃은 오랜 시간 쌓인 문제가 터진 것이기 때문에 절대 한순간에 사라지지 않는다.

만약 누군가가 몸도 마음도 지쳐 있는 시기를 보내고 있다면, 작은 것에서부터 변화를 시작해보라고 권해주고 싶다. 작고 사소한 일을 무난히 잘 마쳤다는 만족감과 생활을 스스로 온전히 통제하고 있다는 안정감은 내일을 향해 한 발 더 내디딜 힘이 되어준다. 크고 담대한 목표는 나아갈 길을 밝혀주지만, 그 거리가 우리를 지치게 하기도 한다. 멀리 가려면 한 발 한 발 정확히 내디뎌야 한다. 작은 일, 작은 행동이 때로는 더 중요하다.

관련 에피소드

〔35화〕 **나를 하얗게 태워버릴 번아웃이 찾아온다면?**

누가 날 싫어해도 괜찮아

'머슬마니아' 신 차장

나는 에스프레소를 즐겨 마시지 않는다. 대학에 입학한 지 얼마 안 된 아직 쌀쌀한 봄, 학교 앞에 있는 스타벅스에 처음으로 혼자 들어가 봤다. 요즘 대학생들은 믿기 어려운 얘기겠지만 내가 자란 지역에는 당시 스타벅스는커녕 '커피숍' 자체가 없었고(커피숍은 '어른들'이 사기잔에 담겨 나온 믹스 커피를 마시러 가는 곳이었다), 그래서 스타벅스는 나에게 신문명과도 같은 것이었다.

'잘할 수 있을까' 조마조마한 마음을 달래며 카운터 앞에 딱 섰는데 어라, 커피 종류가 너무 많은 거다. 그때까진 세상에 커피라곤 까맣고 따뜻한 것(아메리카노)만 있는 줄 알았는데! 그래서 잘 아는 척하면서 자연스럽게 그것을 시키려고 했는데, 메뉴판에 적힌 커피 종류가 너무 많아서 계산대 앞에서 그만 '멘붕'에 빠져버렸다.

'어서 주문을 해야 해. 어색한 티를 내면 안 돼!'

그래서 그 많은 커피 중 가장 위에 있는 걸 시켰다. 제발 내가 제대로 시켰길 바라면서, 겉으로는 최대한 당황한 티를 안 내려 애쓰면서. 10분 뒤, 작은 잔에 담긴 에스프레소를 소심하게 한 모금 마시고 주문조차 제대로 하지 못했다는 쪽팔림과 쓰기만 하고 당최 알 수 없는 맛에서 밀려오는 당혹감에 얼굴이 새빨개지고 말았다.

'이런 것도 제대로 모르다니. 그렇게 잘난 척 떠들어댈 때는 언제고 이런 사소한 것도 잘 몰라서 이런 맛없는 음료를 시켜버렸어. 남들이 보면 얼마나 웃을까.'

지금은 웃으면서 얘기하는 에피소드지만, 그때 그 순간의 나는 정말 땅속으로 꺼져버리고 싶은 마음이었다.

'나는 내가 똑똑하다고 생각했는데, 사실 전혀 그렇지 않아.'

나의 20대를 돌이켜보면 이런 '에스프레소류' 일화들로 점철되어 있다. 거대했던 자의식에 반해 한참 설익은 자존감은 아주 사소한 것부터(커피 주문에 사활을 건 걸 보라) 모든 면에서 나를 입증해야 한다고 생각하게 했고, 그것이 제대로 되지 않으면 남들이 나를 어떻게 생각할까, 나는 왜 이리 모자랄까 하는 생각에 우울해했다.

참 쉽지 않았다. 시험 2주 전부터 공부해도 하루 전에 벼락치기를 한 친구보다 학점이 낮았고, 세련된 서울 친구들 사이에서 내가 너무 촌티 나는 거 아닌가 혼자 전전긍긍했다. 졸업 전부터 대기업, 외국계 기업에 붙은 동기들 사이에서 나만 취업 못 하면 어쩌나 불안해하다가 이름도 처음 들어본 신생 회사에 도망치듯 입사했다. 그리고 얼마 안 돼 월급이 밀려서 퇴사했다.

난 원래 이렇게 못나지 않았다는 걸, 사실은 똑똑하고 특별한 사람이란 걸 보여주고 싶은 마음은 컸지만 나의 실패를 만회하려고 애쓰면 애쓸수록 나 자신은 더욱더 작아지는 느낌이었다. 너무 외롭고 내가 초라했다.

어떤 사람들은 이런 감정을 평생 못 느낄 수도 있다. 그런 사람들은 아마 '세상에 거부당한 적이 없는 사람들' 아닐까. 그들에게 이 세상은 노력한 만큼의 보상이 주어지고 필요할 때 적당한 운이 따라주는, 공정하고 더 노력해볼 만한 무대일 터이다. 하지만 나는 늘 도저히 결과를 받아들일 수 없는 뽑기 기계를 돌리는 기분이었다. 분명히 노력했는데 결과는 안 나오고, 남들은 신나게 앞으로 달려가는데 나는 제자리 뛰기만 죽도록 하고 있는 것 같은 초조함.

'왜 이러지? 왜 나만 이런 거야!'

그들과 나의 무대는 다르다는 생각, 이 부당한 세상의 룰을 알 수 없다는 불안감에 나의 자존감은 계속 쭈그러들었고, 이것은 마치 도미노처럼 내 삶의 여러 기둥을 픽픽 쓰러뜨렸다. 취업, 회사생활, 친구 관계, 연애.

그러던 어느 날, 그날도 회사에서 한 실수 때문에 온종일 괴로워하고 퇴근하면서까지 곱씹던 중이었다.

'어떻게 그런 실수를 했을까. 나 진짜 바보 아냐? 다른 사람들은 내 실수를 두고 얼마나 어이없어할까?'

머릿속의 목소리가 사정없이 나를 몰아세우는 바람에 걸

음을 멈추고 숨을 가다듬어야 했다. 그러다가 문득, 이제 그만하고 싶다는 생각이 들었다. 숨을 쉬기가 힘들 정도였다. 나를 그만 몰아붙이고 싶었다.

"괜찮아. 똑똑하지 않아도 괜찮아. 나를 싫어해도 괜찮아. 괜찮아. 괜찮아."

그 말을 조용히 읊조릴 때 느꼈던 목멤을 지금도 기억한다. 눈물이 차올랐다. 특별해지고 싶었다. 내가 똑똑하다고 믿고 싶었고, 다른 사람들에게도 인정받고 싶었다. 나 자신이 부족하다는 걸 이렇게 받아들이고 싶지 않았다.

그런데 그와 동시에 가슴이 탁 풀리는 해방감이 온몸을 적셨다.

"똑똑하지 않아도 돼. 더는 나를 입증하지 않아도 돼. 남들도 나를 싫어할 자유가 있어. 괜찮다, 괜찮아. 누가 나를 싫어해도, 나를 바보 같다고 생각해도 난 여기서 계속 조금씩 조금씩 걸어서 목표에 닿을 거야."

그날 이후 이 말을 얼마나 많이 나에게 했는지 모른다. 상사가 회식 자리에서 나와 다른 직원을 대놓고 비교하는 말을 듣고 돌아온 밤, 이를 악물고 속삭였다.

“괜찮아. 지금은 부족한 게 많지만 곧 그만큼 할 수 있어. 괜찮아.”

영업 1년 차, 혼자 남은 사무실에서 터져버릴 것 같은 머리를 부여잡고 속삭였다.

“괜찮아. 지금은 모르는 게 많지만 곧 능숙해질 거야. 오늘은 이러지만, 1년 뒤의 나는 더 능숙해질 거야. 그러니까 괜찮아.”

괜찮다고 나 자신을 수없이 달래며 버텼다.

“오늘은 바닥이어도 내일은 더 좋아질 거야. 내가 천재는 아니어도 노력하는 사람이니까. 언젠가는 기어코 좋아지고 말 거야.”

그리고 몇 년 뒤, 〈언슬조〉에서 ‘자존감’을 주제로 다뤄보자는 말이 나왔을 때 깜짝 놀랐다. 내가 더는 자존감 때문에 고민하지 않고, 남들이 나에 대해서 뭐라 생각하든 ‘그러든지 말든지’라고 여기고 있다는 걸 깨달았기 때문이다. 괜찮다고 스스로를 달래며 다른 이들에게 나를 입증할 필요 없이 내가 원하는 것에만 충실하게 살아도 된다고 다독이는 동안, 나는 실제로 달라졌다.

내가 생각하는 것보다 남들은 나에게 큰 관심이 없다. 나에 대해서 남들이 뭐라 생각하든 간에 나에게 가장 큰 관심과 애정을 가지고 있는 건 나 자신뿐이다. 찰나에 불과한 다른 이들의 평가에 기대는 것은 너무나 억울했기에 난 나의 성실함과 노력만 바라보기로 했다. 똑똑하진 않을 수 있지만, 얼마나 간절한 마음으로 열심히 했는지는 내가 아니까.

이렇게 나는 낮은 자존감에서 졸업했다. 재밌는 건 자존감에서 자유로워지니 이 세상이 나름대로 꽤 공평하고 평등한 무대로 보이기 시작했다는 것이다. 모든 이에게 인정받아야 초대받을 수 있을 줄 알았는데, 내가 나를 끌어안자 나는 원래부터 이곳에 서 있었다는 걸 알게 됐다.

관련 에피소드

(35화) 당신의 자존감, 안녕하신가요?: 자존감 회복을 위한 4가지 꿀팁

운동은 나의 힘!

웨이트트레이닝을 시작한 건 서른다섯 살이 되던 겨울이었다. 미리 밝히자면 나는 20대부터 다이어트를 목표로 재즈댄스, 요가, 취미 발레, 필라테스 등을 꾸준히 해왔다. 소기의 목적은 달성했지만 여전히 아쉬운 점이 있었다. 바로 내가 원하는 만큼의 체력을 얻지 못했다는 것.

힘든 고3 수험 기간을 거치고 대학교에 입학한 스무 살. 남들은 쇠도 씹어 먹는 나이라지만 그때의 내 몸은 과체중, 탈모, 수족냉증, 소화불량 등으로 힘겨웠다. 한여름에도 지하철 에어컨 바람에 오들오들 떨었고, 겨울에는 발바닥이 시려서 가죽 부츠를 신을 수 없었다. 친구들이랑 밤샘이라도 할라치면 밤공기가 왜 그리 날카롭던지.

무너진 몸이 영향을 미친 건 외모뿐이 아니었다(물론 이것만으로도 충분히 힘들었지만). 아마 평생 건강하고 체력이 좋았던 사람은 이런 생각을 해본 적이 없을 것 같다. 난 부지런하게 살고 싶은데 왜 못 하지? 난 꾸준히, 끝까지 하고 싶은데 왜 언제나 중간에서 그만두고 싶어지지? 난 정말 진심으로, 온몸과 마음으로 그걸 바라고 있는데.

《미생》의 대사가 유명해지기 전부터 나는 아마 그 이유를 알고 있었던 것 같다. 체력이 없기 때문이라고. 정말 원하지만 시작할 엄두조차 안 나는 것, 끝까지 밀어붙여서 결과를 뽑아내고 싶은데 관두게 되는 것, 그리고 이게 반복되면서 스멀스멀 피어나는 자신에 대한 실망감과 좌절. 이 모든 게 튼튼한 체력을 갖추면 알아서 해결될 거란 믿음은 나이가 들수록 점점 더 강해졌다.

하지만 서른다섯 번째 겨울에 PT를 등록하던 나는 어느 정도 체념한 상태였다.

'내가 원하던 체력은 가질 수 없나 봐. 원래 몸도 약했고 여기까지 온 것만 해도 잘한 거야. 이제 근육 조금 만들어서 옷 입을 때 예쁜 몸이 됐으면 좋겠다.'

그렇게 별생각 없이 시작한 PT였는데, 문제 아닌 문제가 생겨버렸다. 근육 운동이 너무 재밌었던 거다! 맨몸 스쿼트도 겨우 하던 내가 어느 날 10킬로그램 바벨을 들고 운동을 하더니, 석 달 뒤에는 40킬로그램짜리 바벨을 어깨에 메고 거뜬히 스쿼트를 하고 있었다.

내가 들 수 있을 거라곤 전혀 상상도 할 수 없었던 무게를 이겨내며 운동을 하는 게 너무 신났고, 몸이 점점 날렵하면서 튼튼한 라인으로 변하는 걸 보는 재미도 쏠쏠했다. 마치 내 안에서 조용히 잠들어 있던 괴력의 슈퍼우먼이 깨어난 기분이었다.

운동 능력에 비례하여 체력도 이전과는 비교할 수 없을 정도로 좋아졌다. 가져보니 알 수 있었다. 100장이 넘는 영문 계약서를 리뷰한 후 이제 좀 덮고 집에 가고 싶어질 때 '그래도 한 번 더 볼까?'라고 생각하는 근기, 퇴근 후 집에 와서 뻗어버리는 대신 저녁을 해 먹고 집 안 청소를 할 수 있는 힘,

상사에게 혼나고 기분이 엉망일 때 "에잇, 까짓것 다시 해보지, 뭐!"라고 외칠 수 있는 회복력, 남초 업계에서 얼마나 버틸 수 있을까 고민하던 불안감을 불식시켜준 자신감. 이 모든 게 바로 강한 체력에서 나온다는 것을.

가장 멋진 변화는 나 자신의 가능성을 바라보는 시각이 변했다는 거다. 이전에는 엄두조차 낼 수 없었던 일들을 꿈꾸게 됐다. 퇴근 후 중국어를 공부해볼까? 10킬로미터 마라톤을 뛰어볼까? 나중엔 철인 3종 경기도 도전해볼까? 10년 전의 내가 지금의 나를 본다면 놀라 자빠지지 않을까.

꿈꾸는 게 많은 생활은 즐겁다. 내가 나의 의지를 믿을 수 있는 것만큼 든든한 일도 없다. 튼튼한 체력이 줄 수 있는 선물이 이렇게 크기에 나는 후배들이 커리어 상담을 해올 때마다 꼭 운동을 하라고 당부한다. 지금은 귀찮고 급하지 않은 것처럼 보이겠지만 나중에 시간이 흐르면 가장 훌륭한 아군이 되어줄 거라고. 일단 좋아하는 것부터, 작게나마 시작을 해보라고.

내가 생각해도 운동을 하기 전과 후의 나는 다른 사람 같다. 운동하기 전의 내가 보통의 차라면, 운동을 시작한 후의 나는 엔진 하나를 더 단 느낌이랄까. 이 신나는 기분을 나만 즐기고 싶지 않기에 오늘도 나는 사람들에게 권유한다.

"운동 한번 해보세요. 새로운 내가 되어서 하고 싶은 거 다 하고 살아봐요, 우리!"

관련 에피소드

[35화] 나를 하얗게 태워버릴 번아웃이 찾아온다면?

열심히 하지만 불안한: 30대의 현실 고민

'프로이직러' 이 과장

"충분히 백인답지도 않고, 충분히 흑인답지도 않고, 충분히 남자답지도 않다면 그럼 난 뭐죠?"

〈그린북〉이라는 영화를 본 날 주인공이 외친 이 대사가 종일 나의 마음을 후벼 팠다. 주인공인 돈 셜리 박사는 피아니스트로 백악관의 초청을 받아 연주를 할 만큼 실력 있고 인정받는 사람이었지만 흑인이라는 이유만으로 미국 주류에 포함될 수 없었다. 그리고 전형적인 흑인의 삶을 살지 않아 흑인 사회에도 쉽게 들어갈 수 없는 사람이었다. 어딘가에 속하기에는 무언가 부족함이 있는 상태.

그의 말은 내가 취업을 못 해 자존감이 자꾸만 지하로 내려갈 때 외치고 싶던 말이었다. 가뭄에 콩 나듯 면접에 가면 '잘할 수 있다, 열심히 하겠다'고 말했지만 늘 탈락이었다. 그들이 써놓은 채용공고 기준에 나는 부족함이 전혀 없었는데 말이다. 차라리 'SKY대학 출신의 남자 우대'라고 써놓든가. "난 충분히 할 만큼 했는데 당신네 회사에 충분한 사람이 아니면, 난 뭔가요?" 그때 인사 담당자에게 이렇게 말이라도 할 수 있었음 덜 답답했을 텐데. 돈 드는 것도 아닌데 당신들, 그냥 나로만 충분하다고 말해주는 것이 그렇게 어려운 일이었나요?

대학 졸업 후 취업만 하면 꽃길을 걸으리라 생각했다. 하지만 또 다른 고난의 시작이었다. 능력과 권력을 가진 사람들만이 인정받는 냉정한 세상이 눈앞에 펼쳐졌다. 여기에 천정부지로 치솟는 집값, 경기침체와 낮은 이자율 그리고 고용불안까지. 10년은 더 일할 수 있을지조차 의문인 나는 불안하다. 어쩌면 불안함을 동력으로 버티는 것일지도 모른다. 저녁에는 대학원에 다니고, 독서모임을 하고, 그 외에도 갖

가지 강연을 쫓아다니고 있다. 이런 나를 보고 사람들은 참 쉼 없이 열심히도 한다고 말하고 때로는 대단하다고도 하는데. 이것이 해결책이 될 수 없음을 잘 안다. 그럼에도 마음의 짐을 덜고 싶어 열심히 하는 편이다. 일종의 죄책감에서 벗어나기 위해 선택한 방법이다.

30대 후반, 회사라는 테두리가 사라지는 그 나이와 돈 벌 곳이 없어지는 그때가 점점 가까워지는 순간을 지나고 있다. 직장에서의 긴 시간이 겹겹이 쌓일수록 직장인으로 남을 것인가 아니면 직업인으로 나아가야 하는가의 길목에 서 있다는 느낌이 자주 찾아온다. 지금 실무자로 전문성을 더 쌓아야 하는지 본격적인 관리자로 나아가야 하는지 선택의 기로에 서 있는 것이다.

금융 산업에서 밥벌이를 하면 눈에 딱 보이는 게 없다. 평생 내 손에 들어올 것 같지 않은 큰 금액이 모니터에 찍힌다. 온종일 보고 있노라면 가끔 허상과 싸우는 느낌이다. 나의 일에 대한 한계와 아쉬움의 감정이 스멀스멀 올라온다. 회사에서만 이 일은 가치가 있을 뿐이다. 나는 내가 무슨 일을 하고 있는지 몇 글자로 이야기할 수 없었다. 해외여행 입국신

고서에 직업을 쓸 때면 나는 그냥 '회사원'이라고 적을 수밖에 없다. 그러면서도 회사를 그만두면 나의 직업란은 무엇이 되는가 혼란스럽다. 백수?

싱글, 30대 후반의 특별한 기술 없는 여자라는 현실이 나를 더욱 불안으로 내몬다. '내년은 더 어렵다, 성장률 최악'이라는 헤드라인과 함께 나오는 회사들의 희망퇴직과 정리해고 소식은 내가 아침에 일어나 출근을 하는 것만큼 반복된다. 전쟁 같은 하루를 보내며 고군분투하지만 회사가 더는 평생 밥벌이를 보장해주지 않는다. 그렇다고 그저 안정적인 정년만을 바라며 하는 일도 없이 회사의 자리를 채우고 있음에 감사하는 삶도 살고 싶지 않다.

특별한 건 없지만 누구보다 충실히 살아내고 있는데, 세상은 늘 여전히 준비가 덜 되어 있다고 말한다. 평범하게 사는 것이 가장 어렵다고들 말하지만, 평범한 사람들에게 주어지는 기회는 한 번도 넘쳐흐른 적이 없다. 평범한 직장인으로 사는 것은 세상을 잘 버티기에 충분치 않다. 그래서 열심히 하지만 불안하고, 계속해서 흔들린다.

이런 고민 속에서 문득 신입 사원 때 바라봤던 선배들의 모습이 생각났다. 10년 이상을 다닌 선배들은 회사에서 무엇이든 능숙하게 해냈다. 자기 확신에 가득 차 고민 따위는 없어 보였다. 그런 모습이 정말 '어른' 같았다. 당연히 나도 저들처럼 그 나이가 되면 쉬운 일 하나쯤은 있고 확신에 찬 인생을 살 줄 알았다. 그런데 전혀 아니다. 내 인생인데 내 마음대로 되는 것이 하나도 없다. 여전히 고민하며 내가 어른이 맞나 싶다. '나, 잘 살고 있는 걸까?'라는 생각에 마음이 편치 않다. 하지만 이것이 삶을 산다는 것 아닐까. 불안함을 연료 삼아 앞으로도 나를 불태워야 할지 모른다.

'시간은 공히 흘러가지 않는다'라는 말을 좋아한다. 머리로만 계속 생각하면 변하는 것은 없다. '내가 잘하는 것일까?' 또는 '이것이 맞는 것일까?' 이런 생각에 머무르다 보면 계속 원점에 있게 된다. 시도 후 설사 결과가 좋지 않더라도 '이게 나랑 맞지 않네' 하고 아는 것도 하나의 전진이다. 그리고 '이것은 아니다'를 알아가는 과정에서 결국은 나를 알게 된다.

그래서 잘 가고 있는지 흔들릴 때마다 내가 하고 있는 것 하나하나 의미 없는 것은 없다며 난 오늘도 루틴한 삶을 살아간다. 조금 불안해도 괜찮다. 각자의 삶은 저마다의 이유로 조금씩 불안정하니까. 불안의 농도만 다를 뿐이다. 그때나 지금이나 내가 할 수 유일한 방법은 무던하게 오늘을 살아내는 것이다. 묵직한 불안을, 숨쉬듯 껴안고.

관련 에피소드

〔21화〕 청계천 잡지소녀에서 여의도 차도녀까지: 이 과장의 여전히 어려운 인생

당신의 황금기는 따로 있다

'머슬마니아' 신 차장

앞서 이야기했듯이 20대의 나는 정말 우울했다. 고등학교 3년 동안 몸과 정신을 갈아 넣으며 우직하게 공부했지만 수능을 '거하게' 말아먹는 바람에 생각도 안 해본 학과에 입학했다. 대학교 졸업반일 때는 대기업에 입사한 동기들을 부러워하면서도 정작 스스로는 쫄아서 나를 합격시켜준 첫 회사이자 유일한 회사에 그냥 입사해버렸다. 그렇지만 입사한 지 6개월 만에 회사가 망해서 석 달 치 월급을 못 받은 채 회사를 나와야 했다. 게다가 적성에 안 맞는 포지션으로 커리어의 첫 단추를 잘못 끼우기도 했다! 결국 나랑 잘 맞는다고 생각한 현재의 영업직으로 오기까지, 대학교 졸업 후 9년 동안 방황해야 했다. 또 중 · 고등학교 때 찐 살을 빼기 위해 돈을 펑펑 쓰며 안 해본 것 없이 다 해봤지만(기 마사지 10분을 받기 위해 잠실에서 노원까지 매일 다닌 적도 있다) 다이어트는 내 영원한 숙제였고, 당연히 20대 내내 나의 외모 자신감은 저 바닥에서 올라올 줄을 몰랐다.

무엇보다 화가 났던 건, 내가 노력을 안 한 게 아니었다는 거다. 다른 친구들보다 몇 배는 엉덩이 붙이고 더 공부해야 비슷한 학점을 받을 수 있을 것 같은 불안감은 왜 드는 걸까? 저녁 6시 이후로는 아무것도 먹지 않고 운동도 매일 하고 비싼 마사지도 받았지만 왜 내 하체는 부피를 줄일 생각을 안 할까? 동기들은 대기업이나 외국계 기업에 척척 붙어서 명함을 주고받는데, 내가 다니는 회사는 왜 4대 보험도 제공하지 않는 것으로도 모자라 6개월 만에 사라져버린 걸까? 왜 세상은 나한테만 이렇게 가혹할까? 남들은 하나를 하면 두 개를 주면서, 왜 나는 세 개를 하는데 하나만 주지? 내 인생은 왜 이런 걸까? 다른 사람들은 20대의 젊음과 활기가 주는 혜택을 다 누리고 있는 것 같은데!

이렇게 알 수 없는 억울함이 사무치다 보니 나는 어느새 다양한 방면으로 내 불운의 원인을 파헤치고 있었다. 내가 전생에 무슨 죄라도 지었나? 내 관상이 잘못됐나? 내가 불운을 몰고 올 무언가를 자초했나? 그랬기에 내가 사주 공부까지 하게 된 건 어쩌면 자연스러운 흐름인지도 모른다. 사주 공부를 시작한 사람들 대부분이 자기 사주를 보기 위해서 시작했다고 하지 않는가. 불운에 시달리다 지친 사람들이 한 번쯤 들여다보는 사주팔자를 나도 스스로 공부한 것이다. 하도 억울해서.

오, 사주를 가만 들여다보니 흥미로운 해석이 나왔다. 30대 중반까지는 인생에서 가장 안 좋은 시기라고 나왔다. 즉, 뭘 해도 결과가 잘 안 나오고 일이 잘 안 풀리는 30년이었던 거다. 나중에 찾아간 사주 상담가는 이런 충고까지 했다.

"인생의 중요한 결정은 서른 다섯 이후에 하세요. 그전에는 노력을 해도 잘 안 풀리고 좋은 기회도 잘 안 와."

'아, 그래? 내 노오오오오력이 부족한 게 아니라 운이 안 따라서 그랬단 말이지?'

물론 사주를 믿고 버틴다는 게 누군가에겐 그저 정신 승리일 수도 있을 것이다. 하지만 나는 믿고 싶었다. 그때의 나에게 그 말은, 그 해석은 너무나도 고마운 것이었다. 내 노력이 잘못된 게 아니라면, 내가 정말 지구 최고의 '똥멍청이'가 아니라면 행운이 도와주는 시기가 와줄 때까지 기다리고 버티고 꾸준히 앞으로 나아가면 되는 거 아닌가. 게다가 30대 중반까지는 다행히도 몇 년 안 남았다!

그렇게 사주 해석을 본 이후 몇 년 동안 나는 어서 빨리 나이만 먹기를, 그 기회의 시간이 어서 빨리 오기를 손꼽아 기다렸다. 그래서 35세 이후부터는 하는 일마다 술술 풀렸느냐고 누가 묻는다면 'Yes', 몇 번이고 'Yes'다. 35세를 기점으로 일상생활과 회사생활에 조용하지만 큰 변화들이 생기기 시작했다. 뜻이 맞는 새로운 친구들이 생겼고(〈언슬조〉 멤버들 포함), 지금의 남편과 연애를 시작했고, 회사에서는 새로운 포지션에 잘 안착해서 승진하고 연봉도 인상됐다. 무엇보다 큰 변화는 나의 마음가짐이다. 20대 때 느꼈던 조급함과 억울함, 우울함이 점점 사라지고 담담함과 여유, 발랄함이 그 자리를 대신하게 됐다.

물론 이 모든 변화가 하늘에서 뚝 떨어진 것은 아니다. 이제는 나도 안다. 이것들은 20대와 30대 초반까지 우울하고 힘들 때도 꾸준히 노력했던 것들이 '행운'이라는 순풍을 타고 먼 길을 돌아 나에게 온 것이라는 걸. 그러기에 나는 또 다짐한다. 내가 현재 운이 좋다고 다른 사람의 실패를 함부로 평가해서는 안 된다고.

간과하기 쉬운 사실이지만, 우리 모두는 치열하게 노력하고 있다. 단지 어떤 이에게는 그걸 빛내주는 행운의 시기가 좀 일찍 오고 어떤 이에게는 좀 늦게 올 뿐이다. 그러기에 나와 다른 이들의 성취를 괴롭게 비교할 필요도 없다. 단지 그와 나의 시간표가 다른 거라고 생각하며 그냥 묵묵히 자기 길을 가되, 다른 이에게도 행운이 가득하길, 그래서 그도 자신만의 황금기를 흠뻑 누리기를 빌어주는 게 우리가 할 수 있는 전부다.

행운 가득한 30대 중반을 지나왔지만 내 현실이 늦은 것 투성이라는 점은 변함없는 사실이다. 취업이 늦었고, 승진이 늦었고, 결혼이 늦었고, 자식을 낳는 것도 늦었다. 나에게 앞으로 얼마만큼의 기회가 남아 있을지, 후배들이 언제쯤 나를 치고 올라올지, 이런 생각을 하면 가끔 시무룩해진다. 그럴 때마다 '이제부터가 내 황금기라는데 믿고 계속해보자'라고 생각한다(실제로 그런가는 둘째로 치고). 나는 나의 속도로 간다. 그래도 괜찮다. 그리고 한 가지 바라는 점이 있다면 이것이다. 내가 조금 늦게 도착하더라도 여전히 그 세상엔 나를 받아줄 여유가 있길.

관련 에피소드

〔24화〕 **안 풀리는 내 인생의 비밀: 나의 황금기는 따로 있다? (신 차장편)**

신생팀에서 혼자 n명분의 역할을 하고 있어요

Q 신생팀에 혼자 던져져서 N명의 역할을 맡고 있는데 너무 힘듭니다. 저는 명품 관련 외국계 회사에 다니는 회사원이고, 사회생활 6년 차 대리입니다. 회사에서 신사업으로 론칭한 온라인 사업을 담당하게 됐는데, 1인 신생팀으로 모든 일이 기존의 관념을 깨부수어야 하는 도전 과제의 연속입니다. 가르쳐주는 상사도 없고, 실무를 주로 했던 제게 큰 숲을 보며 의사결정을 해야 하는 무거운 책임이 주어졌습니다. 저는 대리에 불과한데 중간관리자 없이 타 부서장들, 사장들과 직접 마주해야 하기에 업무가 너무 과중하다는 생각이 듭니다. 그리고 결국 고비가 왔습니다. 2일 넘게 휴가를 써본 적이 없을 정도로 쉼 없이 달려왔는데 너무 지쳐갑니다. 지금 제가 제대로 가고 있는 건지 고민도 됩니다. 제가 이토록 힘들어하는 것이

유별난 걸까요?

– 명품대리 님

(사연을 보내주신 '명품대리' 님께 감사드립니다.)

이 과장 제가 드리고 싶은 말씀은, 지금은 무척 힘들지만 이 경력이 나중엔 분명 도움이 되리라는 점이에요.

제가 이직을 많이 하다 보니 비슷한 상황을 좀 겪어봤어요. 저는 서른두 살 때 해외투자 부서에 처음 투입됐어요. 부장님도 일들을 대부분 몰랐고, 어디 물어볼 데도 없어서 혼자 우왕좌왕하면서 같은 업계 사람들을 찾아서 물어보곤 했어요. 그땐 정말 일이 감당이 안 되고 의욕도 안 생기고 내가 잘하고 있는지도 알 수 없었어요. 그래서 벗어나고 싶다는 생각을 많이 했어요.

그런데 저도 대리님처럼 쉴 새 없이 달려가는 스타일이어서 뭐라도 하지 않으면 불안한 거예요. 그래서 사직서 쓸 각오를 하고 헤드헌터들과 계속 면접을 봤어요. 그런데 그때 헤드헌터들이 해준 이야기가 있어요. 지금 제가 하는 일이 너무 좋다는 거예요. 그러면서 이 일을 그만두지 말고 현재 일을 마무리 짓는 편이 좋다고 충고해 주더라고요. 지금은 힘들지만 나중에 큰 도움이 될 거라면서.

김 부장 저는 이분의 사연을 접했을 때 이런 생각이 들었어요. '3 · 6 · 9 법칙'이란 게 있잖아요. 3년 차, 6년 차, 9년 차 시기쯤 엉덩이가 들썩들썩하거든요. 그런데 여기서 2년 정도 참아서 과장 타이틀 달고 나면 그다음부턴 굉장히 많은 기회가 올 수 있어요. 지금도 나쁘지는 않다고 생각하는데, 책임자급으로 옮기려면 아마 과장은 되어야 할 거예요.

신 차장 저는 대리님이 지금 힘들어하는 게 유별난 게 아니라 당연하다는 말씀을 드리고 싶어요. 저는 대리급이 지금 대리님 같은 일을 받는 걸 본 적이 없어요. 아무리 못해도 과장 이상이 할 일이거든요.

그러니 본인이 스스로 다독이셔도 돼요. '나 힘들어해도 돼. 힘들만해' 하고요. 문제는 본인의 성향상 힘들어도 티를 안 내려고 한다는 점인 것 같아요. 외부에서 일을 맡기고 기대를 하면 무조건 기대만큼 충족시키려고 애쓰는 분으로 보이는데요, 주변에 크게 떠드셔도 된다고 생각해요. 힘들다고.

그리고 필요한 게 있으면 회사에 계속 이야기하세요. 왜냐하면 대리님이 이 일을 성공시킬 수도 있고 회사가 하라는 대로 못 하실 수도 있지만, 회사도 알아야 해요. 회사에서 얼마나 과한 업무를 대리님께 시키고 있는지.

문 대리 저도 사연 주신 분과 똑같이 힘들었던 적이 있었어요. 이렇게 힘든 게 본인이 나약해서는 아니라는 얘길 하고 싶어요.

제가 보기에 대리님에게 가장 큰 부담은 도망갈 구멍이 안 보인다는 점일 듯해요. 다시 말해, 지금 도망갈 구멍이 없다는 생각 때문에 더 힘드신 것 같아요. 그런데 도망갈 구멍이 있다는 마음만으로도 스트레스가 많이 줄거든요.

이미 너무나 열심히 해왔고 커리어가 충분해서 지금 당장 이직을 해도 부족함 없는 분이라는 생각이 들어요. 내가 여기 꼭 매여 있어야 하는 건 아니라는 생각만 가져도 조금 숨통이 트일지 몰라요.

이 과장 아, 뭔지 알 것 같아요. 마음의 안정감만 있어도 훨씬 나아지겠죠.

김 부장 제 주변 친구들도 회사를 꼭 떠나고 싶은 건 아니지만 그래도 헤드헌터들과 인터뷰를 종종 갖곤 해요. 그러면서 나 스스로 가치가 있는 사람이고, 나를 찾는 사람이 있다는 걸 인지하게 되죠. 설령 실제로 회사를 옮기지 않더라도 '도망갈 구멍'을 마련해두는 셈이에요. '지금 나라는 사람을 남들이 몰라주는 건 아니구나' 하는 생각을 갖게 되기도 하고요.

문 대리 인생이란 게 한번 바닥을 치면 또 올라가기도 하잖아요. 그런데 지금 당장 고통의 동굴 속에 있을 때는 이게 안 끝날 것처럼 생각되죠. 근데 끝이 나긴 나더라고요. 본인이 끝낼 수도 있고, 회사 일이 줄어서 끝날 수도 있어요. 언젠가는 이 고통이 끝나니까 너무 절망하지 마셨으면 좋겠어요. 저도 일하면서 '도대체 언제까지 이렇게 살아야 하는 거야. 앞으로 10년은 똑같을 것 같은데' 하는 생각 때문에 힘들었어요. 그런데 1~2년 지나니까 결국 그 힘든 기간도 끝이 나더라고요.

김 부장 제가 보기에, 이분은 몇 년 참으면 탄탄대로를 걷게 되지 않을까 하는 생각이 들어요. 지금 온라인 마케팅은 뜨고 있는 분야여서 어떤 업계라도 이분 같은 커리어를 원할 가능성이 크거든요. 전도유망한 쪽에서 일하고 계시는 셈인데, 사실 대리 직급이라면 무척 힘들 수 있죠. 놀라운 건, 중간관리자 없이 실무와 더불어 큰 숲을 보며 의사결정을 하는 업무를 맡고 계신다는 점이에요.

이 과장 저도 뒤돌아보면 굉장히 좋은 경험이었거든요. 저도 이게 진짜 기회라는 걸 알고 내가 많이 클 수 있다는 걸 느꼈는데, 사실 대리 직급에선 생각보다 부담스럽죠.

신 차장 맞아요. 본인도 이 사업이 처음인 입장에서 다른 업체 사장이랑 대등하게 맞서야 하는데 스크린해줄 사람도 없고요.

김 부장 이럴 땐 과감하게 하고 싶은 대로 해보셔도 돼요. 잘하고 있으니까 회사에서도 별 이야기가 없는 거고, 또 대체재가 없다는 이야기거든요. 그래서 "왕관의 무게를 견뎌라" 이 말을 해주고 싶어요.

신 차장 저는 사람들에게 이런 말을 자주 하는 편이에요. 세상은 감당하지 못하는 사람한테 어떤 일을 던지지 않는다고. 대리님이 충분히 감당할 수 있으니까 그 일을 받으신 거예요. 다만 한 가지 아셨으면 하는 건, 그 기대를 100퍼센트 성취할 의무가 있는 건 아니라는 점이에요. 충분히 열심히 하실 수도 있지만, 잠시 피해 계셔도 괜찮아요. 너무 힘든 환경처럼 보이거든요. 오랫동안 휴가를 이틀밖에 쓰지 못했다는 얘기가 너무 안타까웠어요.

이 과장 결론은 참고 견디면 장밋빛 미래가 오는 상황인 것 같아요. 지금까지 커리어도 잘 쌓아오셨고요. 그래도 본인이 감당하기 힘들면 가끔 놓아도 된다는 이야기를 해드리고 싶어요. 너무 힘들어서 다시 회복할 수 없는 상황이 되면 안 되니까요. 꼭 건강 챙기시고요, '왕관의 무게'를 잘 견디시고, 대리님에게 좋은 기회가 열리길 바랍니다.

"대리가 필요한데 팟캐스트 같이할래?"

독서모임에서 만나서 친해진 사람들과 저녁 모임이 있는 날이었다. 치킨 먹다가 갑자기 무슨 소리인가 싶었지만 제안을 던지는 언니들의 눈빛은 진심이었다. 부장, 차장, 과장, 사원까지 직급별로 다 있는데 대리가 없으니 나보고 함께하자는 제안이었다. 주제는 직급별로 모인 여자 직장인들의 이야기였다. 그 시작은 '여자 롤 모델이 없다'는 간단한 명제. 난 그 명제에 깊이 공감하고 있었고, 이 시대에 필요한 주제라는 느낌이 왔다.

하겠다고 동의는 했지만 사실 대단한 일을 이뤄보겠다는 마음으로 시작한 것은 아니었다. '설마, 이걸 진짜로 하는 걸까' 하는 의구심도 있었다. 사전 준비 모임을 가진 뒤 첫 번째 녹음을 무사히 마치자, 두 번째 세 번째 녹음은 자연스럽게 이어졌다.

그 이후 〈언슬조〉가 나의 일상 깊숙이 들어온 것은 당연한 일. 방송 제작을 위한 토론으로 단체 채팅방에 쌓인 메시지가 '300+'가 되는 건 기본이었다. 직장을 다니면서 팟캐스트를 하는 게 호락호락한 일이 아니라는 걸 깨달았을 때는 이미 청취자분들과의 소통에 푹 빠져 멈출 수 없었다. 어느새 정신 차려보니 누적 재생 약 170만 회, 구독자 약 7천 명, 100화를 향해 달려가고 있었고, 팟캐스트를 자주 접하는 분들에게는 한번쯤 눈도장을 찍은 방송이 되어 있었다.

우리 앞에 도착하는 사연 하나하나를 들여다보고 있으면 직장 드라마가 오히려 아름답게 느껴질 정도다. 그만큼 현실은 극단적이고, 답답하고, 화가 나고, 그런 상황에서도 꿋꿋이 일하는 여성의 이야기가 담겨 있다. 지금도 상담이랍시고 이런저런 조언을 하는 것이 조심스럽게 느껴지는데, 이 자리를 빌려서 사연을 보내주신 분들께 감사의 말을 전하고 싶다. 〈언슬조〉에 관심과 애정을 가져주신 데에, 그리고 척박한 현실 속에서도 고군분투하는 여성이 많이 있음을 보여주는 증거가 되어주신 데에.

〈언슬조〉를 통해 자신과 비슷한 고민을 가진 사람이 많다는 사실을 알게 되면서, 공감과 위로를 받았다는 이야기를 자주 듣는다. 그만큼 회사에서 부딪히게 되는 문제를 자신의 탓으로 생각해 혼자서 끙끙 앓는 여자 직장인이 많다는 뜻일 것이다. 이렇게 한 명 한 명 각자 고립되어 있던 사람들이 우리를 매개로 혼자가 아니라는 사실을 알게 되고, 작은 용기를 얻었다는 점이 무엇보다 뿌듯하고, 우리 〈언슬조〉가 아직까지 존재해온 이유가 아닌가 생각한다.

사실 매주 목요일 방송을 통해 이전에는 몰랐던 것들을 배우고 가장 많은 위로를 받은 사람은 다름 아닌 나다. 누군가는 공기처럼 편하게 느끼는 현실 저편에는 '여자라는 이유' 하나로 밀려나는 사람들이 있다. 어리고 결혼하지 않은 여자라는 이유로 나이가 많고 결혼한 남자에게 진급이 밀리고, 또 여자라는 이유로 주요 보직과 교육으로부터 배제되는…. 이처럼 조직 내에서 숱하게 일어나는 여성차별의 면면을 생생하게 마주하게 되었다. 그리고 이런 현실에 함께 분노하며 목소리를 높이고, 때로는 서로의 어깨를 토닥이며 해결 방법을 찾는 시간은 든든한 위로가 되어주었다.

또한 〈언슬조〉 이전에 회사를 다닌 시간 동안 내가 조직생활에 대해서 굉장히 무지했다는 사실을 새삼 깨닫게 되었다. 그간 멀리해온 사내정치를 무조건 기피한다고 될 일이 아니라는 것을, 직급 간의 갈등이 단순히 세대 차이의 문제가 아니라는 것을 이제는 안다. 수직적 조직과 수평적 조직은 우열의 문제가 아니라 조직 특성의 차이라는 점을 이제는 이해한다. 그리고 무언가를 당당히 요구하는 일을 어려워하는 것이 나의 능력이 부족해서도 성격이 유약해서도 아니라는 사실을 깨달았다.

이 책은 〈언슬조〉가 지나온 시간에 대한 기록이다. 직급도, 성격도, 꿈도 다른 다섯 명이기에 글의 내용과 색깔이 제각각일지 모르지만 모든 글이 각자의 자리에서 열심히 일하고 있는 여자 직장인들을 향한 애정과 응원의 마음에서 시작되었다는 점은 같다.

여자 직장인들이 혼자 아파하기보다 여러 사람과 고민을 함께 나누었으면 좋겠다. 이 책이 그 시작이 되길 바란다면 과한 욕심일까. 그리고 여자 직장인 팟캐스트가 필요 없는 날이 올 정도로 성차별이 사라지는 그날도 간절히 바란다.

'잘난 년들이 활개 치는 세상을 위하여!'

문 대리

〈언니들의 슬기로운 조직생활〉 방송 제작을 후원해주신

다음 분들께 깊이 감사드립니다

가장이가장조아 걍쏘 관운은쌔미 국정언직언 궁금하면오백원 김미향 김장문 김현지 김혜림 김호영 김화 내가누군겨 노예탈출 뉴요커의노자 뒷산의정기 라임밍기뉴 레몬향기27 레이첼27 룰루랜드 마이네임이즈요조 문과언니빅시스터 미도리 미세스선샤인 미소부자 박시내 박진실 백설곰즙 병아리 보야보 부산직딩 뷰리스 블루레인 서재원 세종댁 송주화 수빈이엄마 스타텁노예 아발톡황빠 앤앤 언슬조왔링 얼음낚시 연우아범 오성준 요정대리 워크홀릭 으오옹 이기림 이만총총총 이먀 임의경 자색비 진사원 최아인 크로스레슨차정열 크롱 푸른토마토 프라프라 향유고래 힘내라요 999888777 ang914 cozet duruci Eugene2 eunjinnie faye81 Fika gilmong kss1 michelle99 pesto ssongkim wojing Yolojolo

언니들의 슬기로운 조직생활

제1판 1쇄 인쇄 | 2020년 1월 21일
제1판 1쇄 발행 | 2020년 2월 3일

지은이 | 김 부장 · 신 차장 · 이 과장 · 문 대리 · 박 PD
펴낸이 | 한경준
펴낸곳 | 한국경제신문 한경BP
책임편집 | 김종오
저작권 | 백상아
홍보 | 서은실 · 이여진
마케팅 | 배한일 · 김규형
디자인 | 지소영
본문디자인 | 디자인 현

주소 | 서울특별시 중구 청파로 463
기획출판팀 | 02-3604-553~6
영업마케팅팀 | 02-3604-595, 583 FAX | 02-3604-599
H | http://bp.hankyung.com E | bp@hankyung.com
F | www.facebook.com/hankyungbp
등록 | 제 2-315(1967. 5. 15)

ISBN 978-89-475-4559-4 03320

책값은 뒤표지에 있습니다.
잘못 만들어진 책은 구입처에서 바꿔드립니다.